玩转期货50招
（一）

一阳 著

地震出版社
Seismological Press

图书在版编目（CIP）数据

玩转期货 50 招.1/ 一阳著. —北京：地震出版社，2019.12
ISBN 978-7-5028-5055-5

Ⅰ．①玩⋯　Ⅱ．①一⋯　Ⅲ．①期货交易－问题解答　Ⅳ．①F830.9-44

中国版本图书馆 CIP 数据核字（2019）第 154053 号

地震版　XM4362/F(5773)

玩转期货 50 招（一）

一　　阳　著
责任编辑：薛广盈　吴桂洪
责任校对：孔景宽

出版发行：地震出版社

北京市海淀区民族大学南路 9 号　　　邮编：100081
发行部：68423031　68467993　　　传真：88421706
门市部：68467991　　　　　　　　　传真：68467991
总编室：68462709　68423029
证券图书事业部：68426052　68470332
http://seismologicalpress.com
E-mail:zqbj68426052@163.com

经销：全国各地新华书店
印刷：北京市兴星伟业印刷有限公司

版（印）次：2019 年 12 月第一版　2019 年 12 月第一次印刷
开本：787×1092　1/16
字数：206 千字
印张：13
书号：ISBN 978-7-5028-5055-5
定价：39.00 元

版权所有　翻印必究
（图书出现印装问题,本社负责调换）

前　言
玩转期货并不难

许多投资者在进行期货交易的时候，总是觉得困难重重，虽然一时实现盈利，但总体来说资金却不断缩水。只有极少数投资者会觉得期货交易充满乐趣，并且资金在不断地增值。是什么原因会让投资者认为期货交易较难呢？

从笔者与各位投资朋友的交流情况来看，自身的专业知识与经验不足是广大投资者存在的问题。说句难听话，斗地主想赢你也得会方法啊，何况是玩期货，正所谓难者不会，会者不难。只要投资者认真学习，不断总结自己与别人操作得失的教训，必然会觉得期货交易将会变得越来越简单。面对任何事情，都不要怕困难，在学习的初期，困难是非常多的，但随着学习的深入，慢慢地就会变成想找到一些困难都是一件困难的事了。

有很多投资者在学习态度上也存在很大的问题，主要的问题就是没有耐心，有兴趣了学一会儿，没兴趣了就忘掉这事了，这怎么能行？如果你的孩子以这样的态度进行学习，你肯定要揍他的屁股了。你这样的学习态度，没人会打你的屁股，但市场却会惩罚你，让你的资金不断缩水。学习是一件苦事，但在这个市场中，你吃的是苦，但消化后就是甜了。希望你和笔者一起先吃苦吧。

除了学习以外，心态也是非常重要的，没有平静的心态就算你水平再高，也很难实现盈利。而混乱的心态都由一个字引起：贪！贪字头上一把刀啊！在这个市场中，谁的贪念越重，谁的心理负担就会越大。赌红了眼的赌徒不可能捞回本钱的！

所以，玩转期货有两个前提，一个是要不断地学习，另一个就是要减少自己的贪念。做到了，期货也就玩转了，做不到，期货市场就会把你玩得溜溜转。

最后，凡是购买《玩转期货50招》的朋友，均可获得20个一阳视频教学课件(赠送读者版)，还可参加每周一三五晚8点举办的公开免费期货交易技术视频培训(请加入笔者助手QQ索取课件及咨询公开培训事宜)。同时，欢迎各位读者朋友到笔者的博客进行交流与探讨，博客中将会经常性发布一些全新的期货交易技术信息。

作者联系方式：

作者助手QQ：987858807

电话：13810467983

博客：http://yiyangqh.blog.sohu.com

一 阳

2011年6月18日

目　录

第一章　日内投机注意事项

第一招　什么是完美的量价配合 …………………………………… 3
第二招　当天操作方向的确定 ……………………………………… 8
第三招　确定热点品种的技术 ……………………………………… 14
第四招　多方龙头品种与多方跟风品种的关系 …………………… 18
第五招　同一板块品种该操作谁 …………………………………… 20
第六招　价格多空属性的判断 ……………………………………… 26
第七招　如何预测价格后期上涨空间 ……………………………… 30
第八招　机会到底藏在哪里 ………………………………………… 34
第九招　日内投机看什么周期 K 线为好 …………………………… 37
第十招　多头行情却想做空的操作误区 …………………………… 38

第二章　日 K 线分析技巧

第一招　做趋势就别在意盘中波动 ………………………………… 43
第二招　什么情况下谨慎持有趋势单 ……………………………… 45
第三招　别提前于趋势的形成持有趋势单 ………………………… 49
第四招　如何在上涨中途介入趋势多单 …………………………… 52
第五招　如何在日 K 线中进行突破操作 …………………………… 55
第六招　利用星 K 线确定操作方向 ………………………………… 59
第七招　第一次小阴线带来多单盈利机会 ………………………… 65

第三章　指标应用技巧

第一招　日内投机使用什么指标好 …………………………… 71
第二招　MACD 假死叉识别技巧 ……………………………… 76
第三招　做多好机会藏在双金叉中 …………………………… 79
第四招　多注意指标底背离带来的做多机会 ………………… 84
第五招　KD 高数值后继续上涨的矛盾化解 ………………… 87
第六招　抄底时比一比 KD 数值 ……………………………… 91
第七招　用 KD 值看清楚反弹高点所在 ……………………… 96

第四章　止盈及持仓技巧

第一招　将之前的调整低点视为多单止盈位 ………………… 103
第二招　将前一根阳线视为多单止盈位 ……………………… 106
第三招　将最后一根阳线视为多单止盈位 …………………… 108
第四招　布林线中轨帮你正确持有多单 ……………………… 111
第五招　如何根据量能形态持有多单 ………………………… 114

第五章　各类价格波动常见交易技巧

第一招　怎么操作上涨的突破走势 …………………………… 121
第二招　如何把握价格上涨初期的盈利机会 ………………… 125
第三招　震荡上涨时的介入点位 ……………………………… 129
第四招　什么样的上涨走势可以赚更多的钱 ………………… 132
第五招　价格强势上涨该于何时平仓 ………………………… 136
第六招　价格上涨后横盘该如何操作 ………………………… 139
第七招　如何提高 W 底形态的操作成功率 ………………… 143
第八招　如何回避上涨中途阴线的干扰 ……………………… 147
第九招　从调整形态判断上涨概率 …………………………… 151
第十招　反弹开始谁是最好的目标品种 ……………………… 155

第十一招　怎样进行追涨操作 …………………………………… 160
第十二招　如何预测上涨将会结束 ……………………………… 165
第十三招　下跌趋势突然逆转的解决方法 ……………………… 169
第十四招　上涨后长时间窄幅震荡的操作技巧 ………………… 173
第十五招　价格放量上涨后高点特征 …………………………… 176
第十六招　上涨震荡区间次低点做多技巧 ……………………… 179
第十七招　上涨行情再度启动的识别技巧 ……………………… 182
第十八招　均价线支撑买点的量能要求 ………………………… 185

第六章　一阳期货三板斧

第一招　一阳期货三板斧之一：震荡行情解决方案 …………… 191
第二招　一阳期货三板斧之二：上涨中途做多技巧 …………… 194
第三招　一阳期货三板斧之三：价格变盘操作技巧 …………… 197

第一章 日内投机注意事项

第一招 什么是完美的量价配合

投资者询问：

我是一名期货新手，刚刚进入这个市场操作，近期参加了您每周一三五晚上的公开培训，感觉学到了很多知识。

在培训过程中，听老师经常说起：完美的量价配合，我始终搞不懂这是什么意思，不知老师可不可以为我解答一下？

一阳解疑：

完美的量价配合对于投资者来讲是太重要了。在价格上涨或是下跌的过程中，只要形成完美的量能配合，就会为投资者带来极好的获利机会，在这一区间进行操作，技术难度非常小，只要方向没有做错，完全可以轻松地获得可观的投机收益。

完美的量价配合是指什么呢？它是指：在价格上涨或是下跌的时候，该放量的时候配合放量，该缩量的时候成交量又随之萎缩。

对于一波连续的上涨波段来讲，完美的量价配合是指：在价格上涨的过程中，成交量保持放大的状态，而当价格出现调整走势的时候，成交量又随之形成萎缩，价格调整结束之后再度上涨时，成交量继续放大。

对于一波完整的下跌波段来讲，完美的量价配合是指：在价格下跌的过程中，成交量保持放大的状态，而当价格出现反弹走势的时候，成交量相比下跌时的量能出现明显的萎缩迹象，反弹结束价格再度下跌时，成交量继续放大。

只有在资金积极做多或是做空的情况下，量价配合才会形成如此完美的配合状态，无论价格是涨是跌，都有资金在其中活跃地交易，不断地为价格的涨跌提供着动力。资金不断地介入，反映在成交量的变化上就是量能逐渐放大。

上涨之后价格出现调整时的缩量是什么含义呢？它往往意味着：上涨时资金积极做多，价格虽然暂时停止上涨，但资金根本没有兴趣入场做空，并且之前做多的资金坚定持仓，因此导致上涨后的调整区间成交量非常少。资金都在积极地做多，而没有什么资金参与做空，价格继续上涨的概率自然会增大。

价格下跌之后出现反弹时的缩量是指：在下跌过程中，资金们都在积极地进行着做空的操作，虽然价格形成了暂时的上涨走势，但是资金并没有什么兴趣入场进行做多的操作，再加上之前做空的资金坚定地持仓，所以，成交量才会萎缩。

上涨后的调整量能萎缩，使得价格没有继续下跌的动力，同理，下跌后的反弹量能萎缩，价格在反弹区间也缺少足够的上行动力。所以，调整或是反弹过后，价格必将会延续之前的趋势继续前进。

下面我们来看几个具体案例，一看就明白。

沪锌1107合约（图1-1）2011年5月3日价格在盘中出现了连续二波下跌的走势，这二波下跌的幅度可不小，在这一区间进行操作可以轻松地获得可观的投资收益。那么，这二波下跌走势有什么样的特点呢？

在价格第一轮下跌的时候，成交量出现了明显的放大迹象，这说明资金在此时进行了积极的做空操作，在放量下跌区间应当及时入场进行做空操作。第一轮杀跌结束后价格出现反弹，反弹区间的成交量相比下跌区间的量能明显萎缩，这说明资金没有任何兴趣入场进行做多的操作。资金做空态度积极，而没有做多的兴趣，自然会引发价格的第二轮放量下跌。

从这一阶段的走势来看，成交量与价格的变化形态就是完美的量价配合：放量下跌、无量反弹、放量再下跌。

PTA1109合约（图1-2）2011年4月1日价格出现了连续下跌的走势，往往从早上一直跌到收盘。毫无疑问，这一天只要入场做空均可以实现很不错的收益。

在价格下跌的中途曾出现了半个多小时的完美量价配合形态：在下跌的过程中，成交量始终保持着放大的状态，这意味着资金做空的积极性很高，大量的资金纷纷入场进行做空操作是导致量能放大的主要原因。而下跌之后

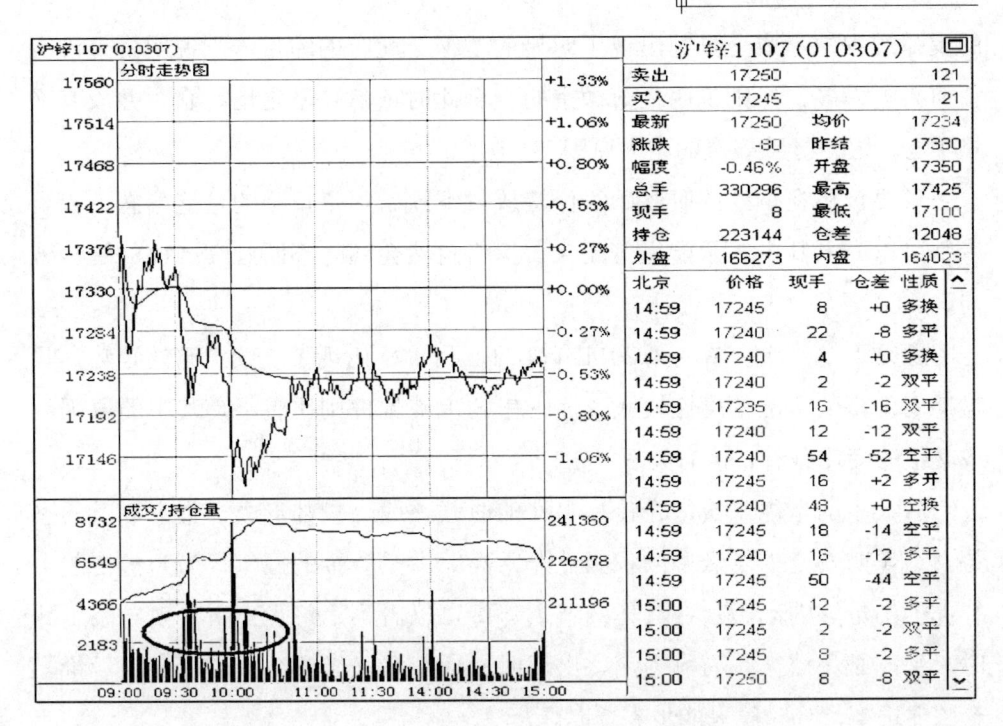

图 1-1

图 1-2

的反弹过程中，成交量则出现了明显的萎缩，此时的缩量一则说明资金没有任何兴趣做多，二则说明之前做空的资金此时依然在坚定地持仓，并没有大量平仓，这是导致缩量的两大原因。

只要价格在下跌的时候始终保持放量下跌、缩量反弹的量能形态，投资者都可以介入其中，量能完美配合，价格自然会随之不断延续当前的趋势方向。

螺纹1110合约(图1-3)2011年4月6日价格出现了连续上涨的走势，早盘期间价格的上涨幅度比较大，而下午的上涨幅度则比较小，其中的原因与成交量的变化有着直接的关系。

从上午的量能来看，在价格上涨的时候，成交量都形成了集中放大的态势，这说明资金入场做多的积极性非常高，大量资金的操作行为为价格的上行提供了足够的动力。在具体细节走势中可以看到，每当价格出现一波上涨时，量能必见放大，而每当调整出现时，成交量又必然缩量，在完美量价配合的促进下，分时线只能步步登高。

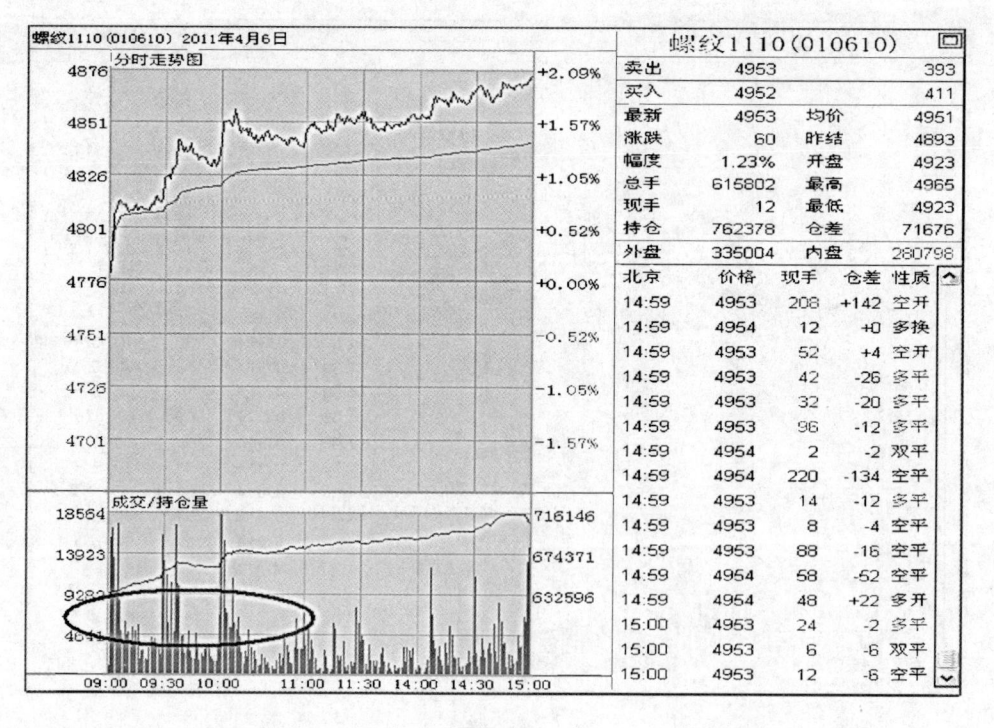

图1-3

下午为何涨幅减小呢？这是因为下午并没有再出现上午一样的完美量价配合。可见完美量价形态的出现对于投资者来说的确是大好的操作时机。

棉一1109合约(图1-4)2011年4月11日早盘期间价格出现了一波快速上涨的走势，价格能涨得这么猛必然离不了资金的推动，很难想象没有大量资金交易的情况下价格会如此上涨。

在价格上涨的时候，成交量始终保持着放大的状态，而调整时成交量又明显萎缩，正是因为没有什么资金愿意在场中进行做空的操作，所以，才使得价格在调整时回落的幅度非常小。

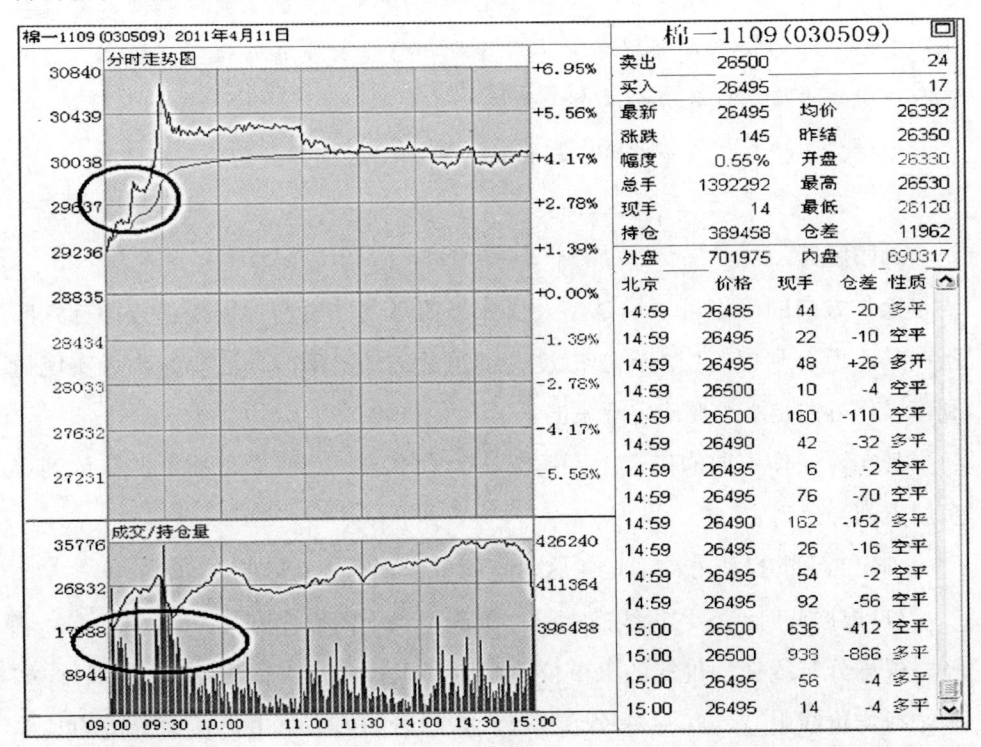

图1-4

从以上的案例来看，只要价格上涨与下跌的时候成交量连续放大，在价格调整或是反弹的时候成交量萎缩，这就形成了完美的量价配合，在这种情况下，之前的趋势方向必然会在资金的推动下继续延续。

完美的量价配合形态很容易理解，并且它还很常见，下次再见到它的时候，可不要错过机会哟！

第二招 当天操作方向的确定

投资者询问：

我虽然炒期货已经有段时间了，可依然把握不好日内的交易方向，有时做对了方向可以大赚一笔，有时做错了方向却又大幅亏损，始终不能持续性盈利真是让我恼火。近来听朋友介绍老师的培训，参加了一段时间之后发现水平的确有了很大程度的提高，不过我觉得这是在交易点位上的提高，可自己始终觉得当天的操作方向这个难题依然没有解决。

老师能不能告诉我一些可以轻松地判断出当天操作方向的技巧呢？

一阳解疑：

操作方向的确定可以说是当天操作最为重要的事情，连操作方向都判断不出来，所有掌握的技术方法都没有了用武之地。所以，要想在当天实现盈利，操作方向是必须要确定下来的。

其实，操作方向的确定千万不要认为有多难，其实它很简单，简单到很多朋友都会忽视它。

确定当天的操作方向请记住这两个简单但却行之有效的方法：

(1) 根据分时线在均价线的上下位置确定当天的操作方向。

根据分时线在均价线的上下位置确定当天操作方向的方法为：分时线如果站在均价线上方，就不要考虑做空，只想着如何去做多，根据价格的具体波动形态来决定是进行逢低做多还是追涨做多。如果分时线在均价线下方，则只考虑做空，不要有任何做多的想法。

(2) 根据 1 分钟 K 线在布林线中轨上下的位置确定当天的操作方向。

根据 1 分钟 K 线在布林线中轨上下的位置确定当天操作方向的方法为：如果 1 分钟 K 线位于布林线中轨上方，则只考虑做多，如果 1 分钟 K 线位于布林线中轨下方，则只考虑做空。

这两个方法简单吧？简单到谁都知道，但很多人却忽视它。下面我们来看一下具体的例子。

PTA1109合约(图1-5)2011年5月3日价格出现了震荡上涨的走势，整体来看，波动形态相对复杂。面对这样的走势该如何确定操作的方向呢？

图 1-5

从分时线与均价线的位置来看，这一天绝大多数时间里分时线都站在均价线的上方，这说明多方力量较强，所以，投资者在这一天应当更多地考虑的是该如何去进行做多的操作。

虽然盘中有过一次杀跌的走势，但是下跌的低点并没有有效跌破均价线，只要分时线没有位于均价线下方，不管价格是涨是跌，都应当以做多为主。至于在什么位置介入，这就需要再使用别的方法配合，至少要先用这种方法确定出操作的方向。

橡胶1109合约(图1-6)2011年4月27日开盘之后价格便一路下行，并且当天基本上以最低价收盘。连续的下跌给投资者提供了许多次做空的机会，但遗憾的是，这个市场中永远只有50%的人判断是正确的，那些亏损的投资者肯定没有正确地确定当天的操作方向，在下跌途中不断地做多，结果导致了亏损。

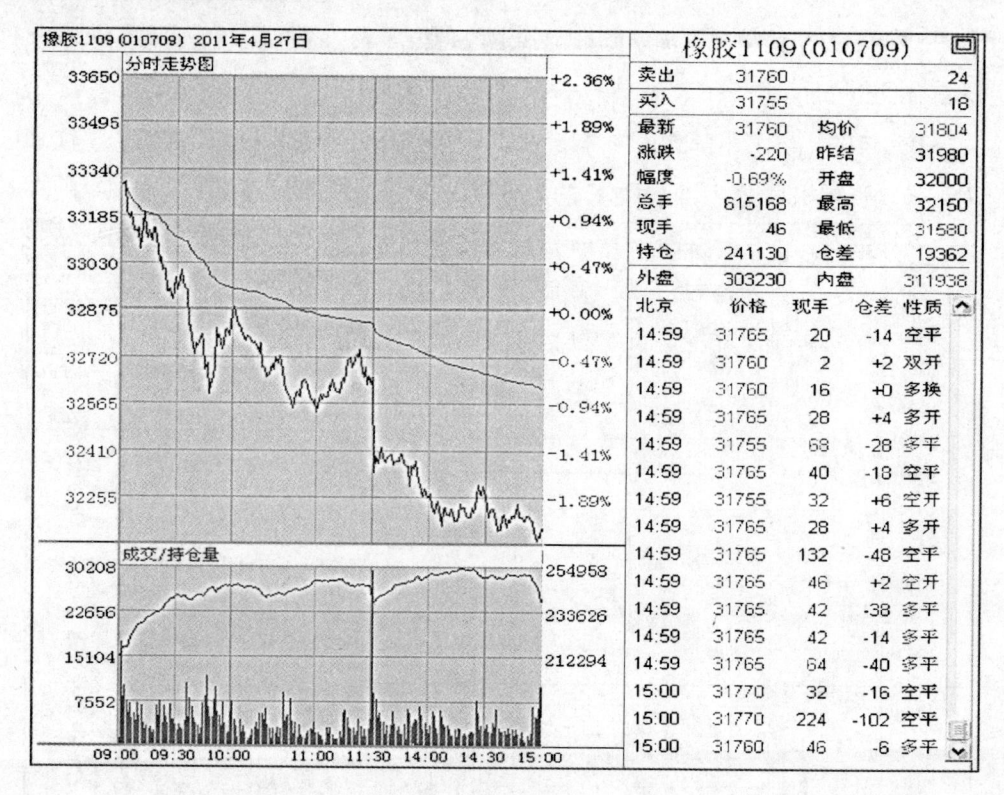

图 1-6

从这一天的走势来看，分时线一直站在均价线下方，操作方向应当是什么？自然是要做空，根本不要去考虑做多的事。虽然下跌后价格出现了多次反弹的走势，但请记住，分时线站在均价线下方的时候，上涨十有八九都是陷阱，万不可做多，而是应当将其视为一次逢高做空的机会。

这样一来，当天的操作方向始终是做空，又怎么会出现亏损呢？

棉一1109合约(图1-7)2011年4月28日价格在早盘期间出现了连续上涨的走势，投资者该如何确定当天的操作方向呢？如果结合1分钟K线进行分析，投资者就有必要看一下K线与布林线中轨的关系。

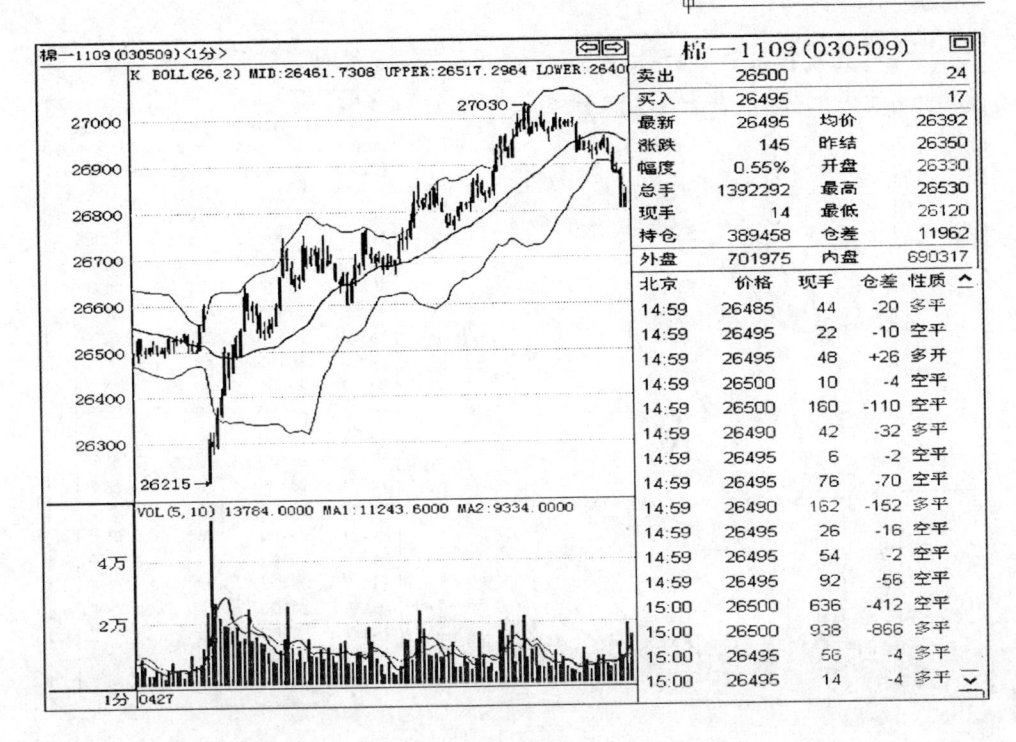

图 1-7

从图中的走势来看，1分钟K线绝大多数时间都位于布林线中轨上方，并且中轨始终保持着向上的趋势，这就要求投资者一定要顺势做多，其间不管价格如何向下，只要中轨不破，都绝对不能有做空的想法。放弃掉那些的确可以带来盈利的做空机会吧，顺应上升趋势做多岂不更容易赚钱。

棉一1109合约(图1-8)2011年4月28日早盘的上涨过后，价格又出现了连续下跌的走势，上涨的时候，1分钟K线始终位于布林线中轨上方，这要求着投资者必须要顺势做多。而随后的逆势翻转，K线又始终位于布林线中轨下方，该怎么做清楚了吗？

11

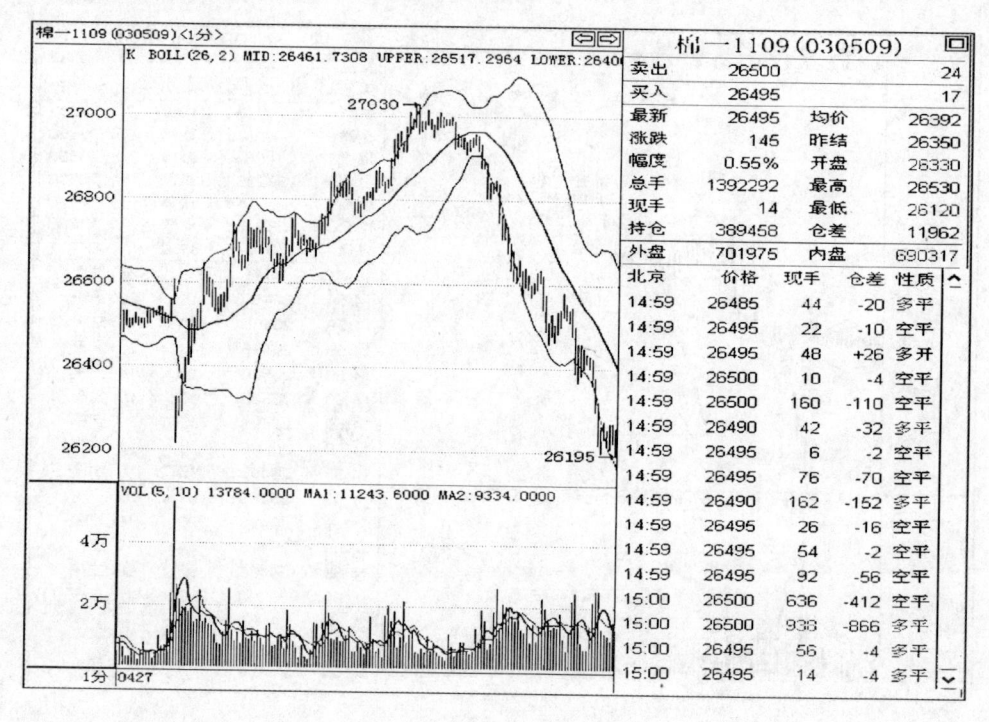

图 1-8

在实际操作的时候，有时会碰到这样的矛盾，分时线站在均价线上方，但布林线中轨却趋势向下，根据均价线的提示应当做多，但根据布林线中轨的趋势方向则应当做空。或是分时线站在均价线下方，但布林线中轨趋势向上，这该如何确定操作方向呢（这样的走势是指：分时线站在均价线上方时出现连续回落，均价线并未失守，但布林线中轨却形成下降趋势，以及分时线站在均价线下方并没有向上突破，但中轨趋势却随上涨形成上升趋势）？

笔者的建议是：慢慢学习操作，第一步不要在两者走势有矛盾的时候进行操作，一定要在两者方向一致时操作，也就是：在分时线站在均价线上方，以及1分钟K线同时站在布林线中轨上方的时候做多。或是在分时线站在均价线下方，1分钟K线位于布林线中轨下方的时候做空，因为两者提示的交易方向一致，所以，最容易实现盈利。在第一步操作熟练之后，再进行第二步的学习与操作：当出现背离的时候，服从整体盘面变化，而后再根据目标品种的波动属性以及具体量价配合确定当天的操作方向。

PTA1109合约（图1-9）2011年5月3日早盘期间价格出现了上涨的走势，

从早盘期间的分时走势来看，分时线位于均价线上方略做震荡后便开始了一波强劲的上涨，根据分时线与均价线的位置来看，早盘期间的操作方向应当是做多的。

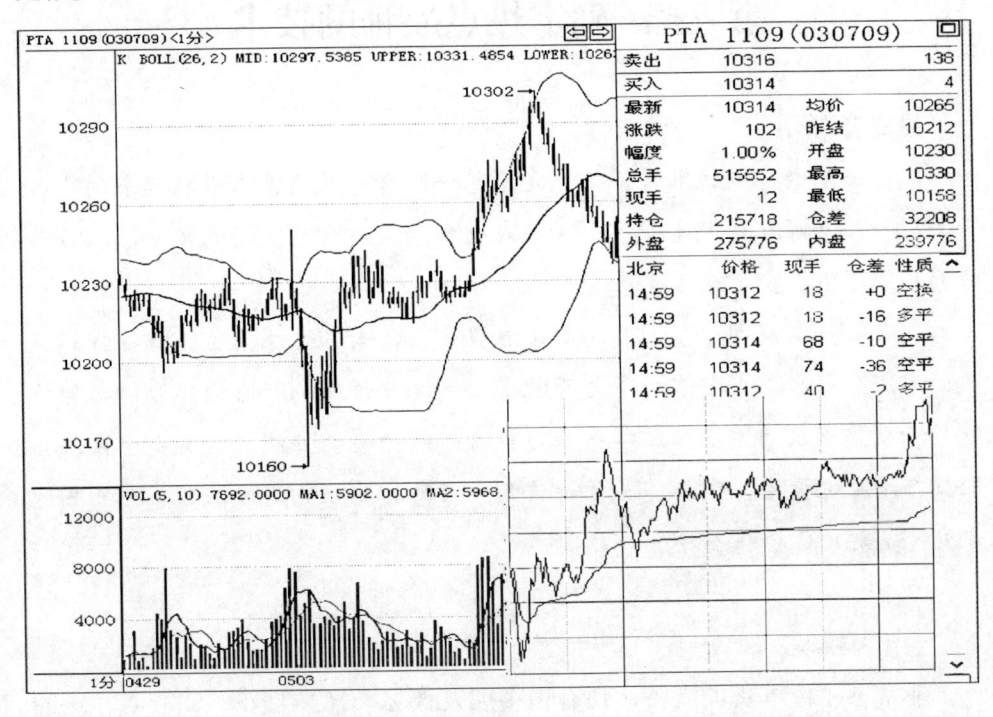

图 1-9

再从 1 分钟 K 线来看，价格在震荡区间已位于了布林线中轨的上方，并且中轨趋势向上，这意味着此时的操作方向应当是做多的。无论是均价线的提示，还是布林线指标中轨的提示都是一致的，在这种情况下进行做多操作，实现盈利的概率是极大的。

后面的走势中，价格出现了下跌，但依然位于均价线上方，而在 1 分钟 K 线图中，K 线却位于了中轨的下方，根据均价线的提示应当继续做多，但根据布林线指标的提示却要留意做空机会，两者的提示不一致产生了矛盾，这样的操作该如何进行呢？先卖个关子，后期为大家讲解，不是不说，而是希望朋友们一步步地来学习，一招还没学精再学另一招，效果肯定是不好的。

第三招 确定热点品种的技术

投资者询问：

我是一阳老师的追随者，早先是看着一阳老师的股票书成长起来的，后来发现一阳老师开始做期货了，现在我也加紧了对期货市场的学习，以后这方面的问题还要多向老师请教。

现在有一个疑问：股票市场有热点股一说，老师也总结了很多操作热点股的方法。那么，期货市场中是否也有热点这一说，判断它们的方法与您讲解的判断热点股的方法一致吗？因为我看老师的期货方法中，有不少方法在股票市场中也适用。所以，我觉得这两个市场的热点判断方法应当也有相通之处，就是自己总结不好。

一阳解疑：

非常感谢你一贯的支持，还有很多朋友像你一样一直在关注着我，这的确让我非常感动，让我们一起进步一起成长吧。

之所以做期货，其实起因是由于股指期货的上市，2006年以及2007年那时一直在说要推出股指期货。我想，咱是职业投资者啊，不能等股指期货推出后再学习，必须要先学习，这样在股指期货上市后才可以更好的为朋友们服务。等正式接触期货市场以后，终于被它独特的魅力所感染：期货市场没有牛熊市，可以T+0交易，只要你判断正确，什么时候都可以赚钱，资金的利用率是非常高的。虽然做了十几年股票，但现在对期货的热爱却远超股票。很多朋友也追随着我一起开始接触与操作期货，希望我这个头儿可以带好。

的确，很多方法在股票市场与期货市场是通用的，当然也请注意使用上的细节区别。热点的确定方法也是完全一样的，并没有什么太大区别，如果你学习过我的关于股票市场中热点的确定方法，相信你自己就可以总结出来期货市场中热点品种的确定方法了。不过，我还是有必要为你以及其他朋友具体讲一下。

热点品种为什么会热呢？是因为有大量资金对它们进行交易，这是一个最重要的思路，顺着往下便可以找到答案。既然有大量资金对它进行交易，那么，它的成交量必然会是很大，如果量能不大，没有太多资金参与，又怎么能热得起来呢？所以，量能最大是它的第一个特点。

这个量能是需要进行对比的，对比板块中其他的品种，甚至还可以对比其他交易活跃的品种。只要量能足够大，那么，它必然是当天的热点。

既然大量资金对它进行交易，除了成交量比较大以外，自然价格的波动幅度也将会是比较大的，在资金大量交易的情况下，价格很难形成小幅度的波动。所以，波动幅度大是它的第二个特点。也正是因为价格的波动幅度是板块中最大的，所以才会吸引来更多的资金进行操作。

从2011年5月3日的期货市场全景图中可以看到（图1-10），在能源化工板块中，PTA1109合约的涨幅是最大的，为何它的涨幅最大呢？这是因为它的成交量非常活跃，远超其他品种的成交量。正是由于有大量资金在场中交易，所以，才会使得PTA1109合约形成较大的涨幅。除了成交量较大以外，热点品种的另一个技术特征就是差仓往往会较昨日增加许多（要注意一个细节：橡胶的成交量是能源化工板块中最为活跃的，不管什么时候它的成交量往往都是最大的，因此，在成交量的对比上，它的参考作用相对较小）。

在有色金属板块中，沪锌1107合约的成交量是最大的，这也使得沪锌1107合约在这一天的跌幅是该板块最大的。除了成交量最大以外，它的持仓量相比昨日增加的也是最多的。

棉一1109合约（图1-11）在2011年5月3日出现了震荡上行的走势，虽然涨幅并不是很大，但通过与棉一1201合约（图1-12）的走势进行对比，可以学习到确定热点品种的思路。

棉一1109合约的分时线绝大多数时间站在均价线上方，这说明当天的操作方向应当是做多。下面我们将棉一1109合约与棉一1201合约进行更详细的对比。

名称	最新	幅度%	涨跌	仓差	成交量	现手	买价	卖价
橡胶1109	31760	-0.69	-220	19362	615168	46	31755	31760
PTA 1109	10314	1.00	102	32208	515552	12	10314	10316
L 1109	11735	-0.47	-55	6660	254466	156	11730	11735
PVC 1109	8615	-0.06	-5	3942	98704	4	8615	8620
美棉花07	155.95	0.76	1.18	0	1099	1	155.90	156.12
棉一1109	26495	0.55	145	11962	1392292	14	26495	26500
棉一1201	24015	0.48	115	3112	186242	18	24015	24030
白糖1109	6729	-1.33	-91	-4980	792254	26	6728	6729
美精铜05	418.65	0.10	0.40	0	107	7	418.25	418.45
沪铜1107	69000	-0.30	-210	7550	149720	28	69000	69010
沪锌1107	17250	-0.46	-80	12048	330296	8	17245	17250
沪铝1107	16835	-0.06	-10	2586	10434	2	16835	16840
沪铅1109	17530	-0.40	-70	192	1902	2	17515	17530
螺纹1110	4953	1.23	60	71676	615802	12	4952	4953
美黄豆连	1382.75	-0.74	-10.25	0	5794	4	1382.25	1383.25
豆一1201	4475	0.00	0	-2086	84900	2	4475	4476
豆粕1201	3342	0.42	14	-45024	148670	24	3341	3342
豆油1201	10212	0.83	84	3110	325440	2	10210	10212
棕榈1201	9186	1.06	96	-3266	114712	28	9186	9188
菜油1201	10536	0.69	72	1554	9308	4	10528	10538
美豆油12	58.84	-1.13	-0.67	0	1064	42	58.75	58.84
棕榈油连	3271	0.03	1	0	7202	100	3270	3278
玉米1201	2368	0.13	3	-30522	287554	16	2368	2369
强麦1201	2869	0.31	9	760	8372	2	2869	2870
籼稻1201	2582	0.43	11	-108	1000	2	2580	2581

图 1-10

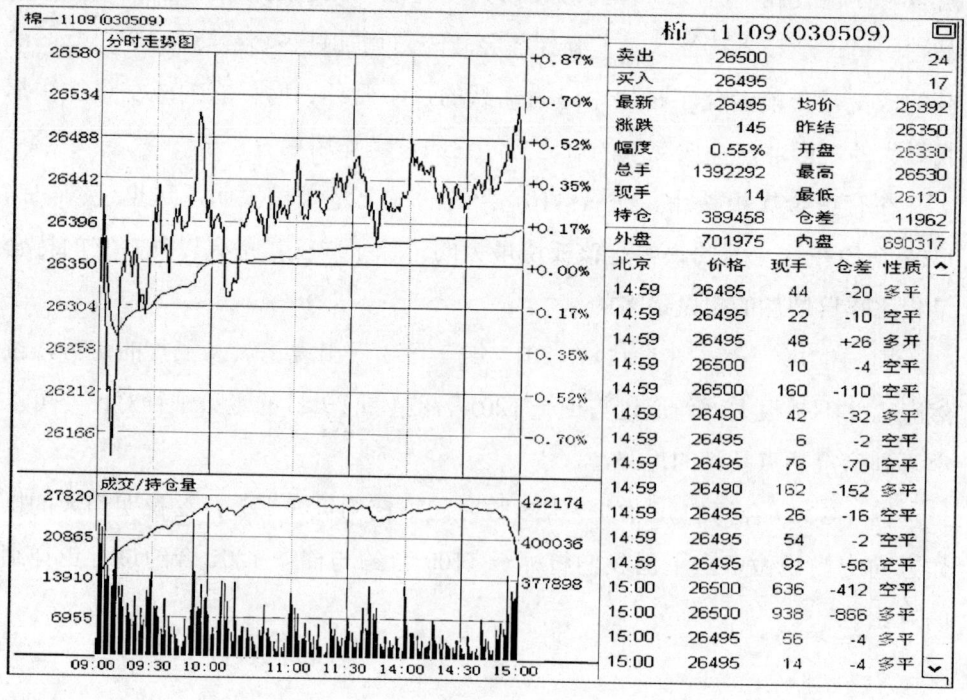

图 1-11

棉一1201合约(图1-12)在2011年5月3日这一天，分时线也是绝大多数时间位于均价线上方，操作方向也应当是做多的，这一点与棉一1109合约的波动性质一致。

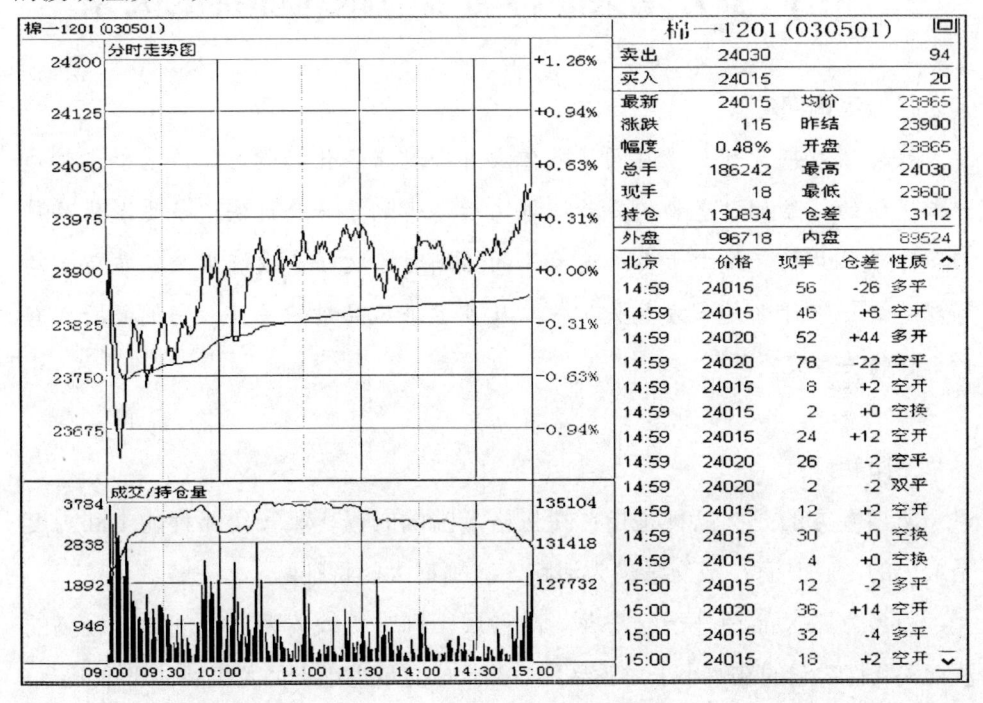

图 1-12

从分时线的波动形态来看，两者接近一致，但谁更适合做多呢？这就需要从涨幅的角度进行对比。经过对比可以得知，棉一1109合约无论在什么时候，其涨幅都大于棉一1201合约，在进行做多操作的时候，自然需要对涨幅更大的品种多多关注。

这种分析方法与股票市场的分析方法是一样的，并没有什么太大的区别。在进行做多操作的时候，一看量，二看涨幅，这样就可以很容易地确定出谁是热点品种，因为热点品种的量能是最活跃的，在此基础上涨幅也将会是最大的。进行做空操作的时候，同样也是一看量能，二看跌幅，因为空方的热点品种成交量最活跃，跌幅也是最大的。

因为热点品种的涨跌幅是板块中乃至市场中最大的，所以，对它们进行操作获得的收益也将会是比较高的。

17

第四招　多方龙头品种与多方跟风品种的关系

投资者询问：

我虽然做期货有一段时间了，但没有经过正规化的学习，许多知识都是一知半解的。参加过老师的公开培训之后，听到了一个说法：多方龙头品种与多方跟风品种，但由于参加这节课的培训时间晚了，没有听全，希望老师可以再讲一下什么是多方龙头品种以及多方跟风品种，另外，它们之间又有什么样的关系呢？

一阳解疑：

所谓多方的龙头品种是指：在价格上涨的时候，某一个品种的上涨力度是最大的，它具有：成交量最为活跃，涨幅最大的特征。

而多方跟风品种是指：与龙头品种属于同一板块，两者之间具有较高的波动关联性，它的涨幅小于龙头品种，并且成交量也远不如龙头品种那样活跃。

龙头品种主要的任务是领涨，引领方向，而跟风品种则是跟在龙头屁股后边跑。可以这样说：跟风品种的涨跌基本上都要看龙头品种的脸色。

这两者之间的基本关系是：多方的龙头品种上涨，多方的跟风品种随之上行，多方龙头品种调整，则跟风品种随之调整或是出现下跌。

由于多方龙头品种的主要任务就是领涨，所以，在多头盘面中，投资者一定要锁定龙头品种，将它视为做多的目标对象，而尽量避免对多方跟风品种的操作，这样才可以获得较为可观的收益。

下面我们来看两个具体的案例。

橡胶 1109 合约(图 1-13)在 2011 年 5 月 16 日这一天，其涨幅是能源化工板块中最大的，因此，它是该板块多方的龙头品种。

确定了其波动性质以后，通过它的走势与跟风品种的走势对比，我们便可以很清楚地看到领涨与跟风上涨的现象。

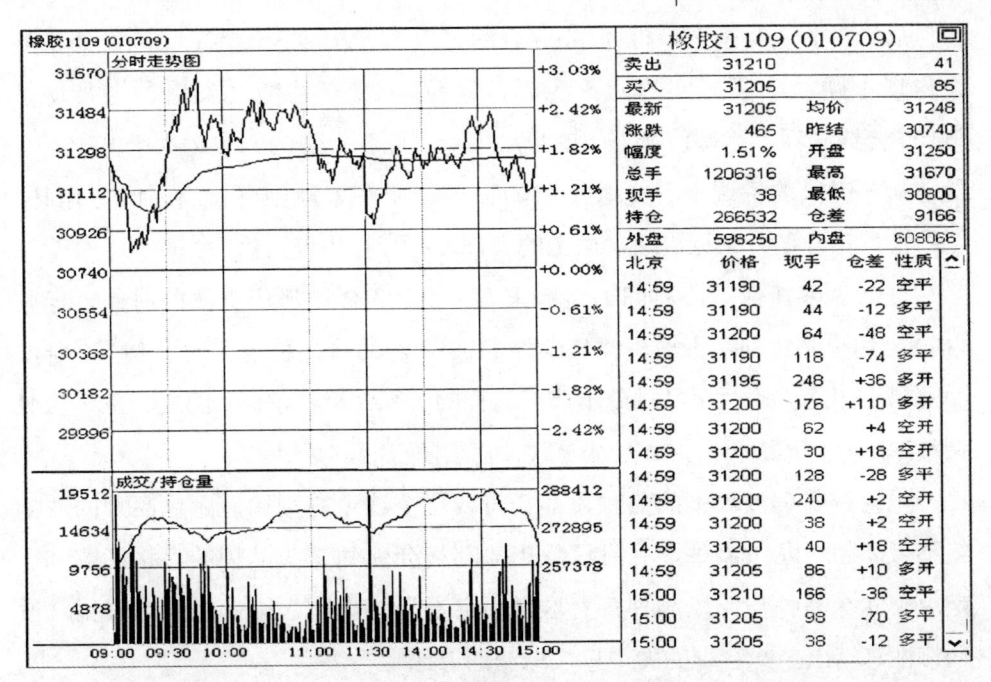

图 1-13

L1109 合约(图 1-14)2011 年 5 月 16 日价格于盘中时涨时跌，上涨幅度远小于橡胶 1109 合约，仅从涨幅的角度，便可以确定出 L1109 合约的跟风上涨地位。

图 1-14

从早盘的走势来看，橡胶 1109 合约出现了下跌，这使得 L1109 合约也随之出现下跌。一段时间的回落之后，橡胶 1109 合约随之上涨，它带动了 L1109 合约同步上行，但从涨幅的角度来看，橡胶上涨的幅度远大于 L1109 合约。从分时线的位置来看，橡胶 1109 合约干脆利索地创下新高，但是 L1109 合约仅是在开盘价附近震荡，向上的突破没有任何力度可言。

再从盘中任何一段时间的走势来看，L1109 合约形成上涨的时候，橡胶 1109 合约也必然同步上涨，并且橡胶 1109 合约的涨幅总是远大于 L1109 合约的涨幅。因此，这两个品种就形成了这样的关系：橡胶涨，L 随之也涨，橡胶调整，L 同步下跌，无论 L 是涨是跌，都紧随橡胶其后。

无论是哪个板块中的品种，都会符合这个铁定的规律，跟风品种的涨幅绝不可能超过龙头品种，并且涨跌走势都将会受到龙头品种的直接影响。正是由于龙头品种与跟风品种有着这样固定不变的规律，因此，可以根据其波动特性总结出一些合理的做多以及做空的方法。

第五招　同一板块品种该操作谁

投资者询问：

几个品种形成一个板块，那么，它们的涨跌都将会具有联动性，可在实战操作的时候，我总是有这样的困惑，我到底该对目标板块中的哪个品种进行操作呢？

之前操作时，本来盯着一个品种，可板块中另外的品种走得不错，于是我就换了目标对象，这样操作一天下来太累了，老师可不可以告诉我一个方法，以便减轻我的分析压力，同时又不容易错过机会。

一阳解疑：

你碰到的问题是不知该怎样去确定目标对象，其实这个问题很容易解决。

首先，你可以确定一个价格波动活跃的品种持续关注它，在很多时候，你对一个品种关注的时间越长，价格波动的规律也就了解的越透彻。期货可以做多也可以做空，不必担心没有机会，更不用后悔错过机会。只要经典走势出现，死盯一个品种绝不会放跑它，但如果总是切换目标对象，一旦好的介入机会到来，可能你的视点已不在此，这样反而容易错过机会。

其次，要学习一下龙头与跟风品种关系的课程，了解板块中所有品种涨跌的关系。这是确定目标品种最为核心的要点。

最后，一方面关注板块中的龙头品种，另一方面，对持续关注的品种不断监视，这样一来就不怕错过机会了。同时，也不必总在不停地切换操作对象，这有助于减轻操作的压力。

简单来讲，在盘面形成多头状态的时候，要对板块中涨幅最大的品种多进行关注，在多头行情中，这些涨幅大的品种最容易给投资者带来多单的盈利机会。而当盘面形成空头状态的时候，则要对跌幅最大的品种进行关注，它们则会带来很多做空的机会。

如果持续关注的目标品种，恰好是板块中涨跌幅最大的，那就死死地盯住它，不必再看其他的品种。

从技术的角度来讲，在操作的时候，每天的目标必须要针对龙头品种，但从对价格波动熟悉程度来讲，确定一个品种持续关注有助于减轻分析与操作的压力。而将这两方面结合起来，目标品种不管是谁也就不难做出判断了。

同时，还需要加入一个替补目标品种，在多头行情中，把上涨幅度最小的品种，视为目标品种，只不过并不是要依靠它做多来实现盈利，而是在一旦盘面多空性质发生根本性的改变时，将它作为做空的理想目标。因为上涨幅度弱说明多方力度虚弱，一旦盘面由多转空，这些上涨力度最小的品种最容易出现下跌。同理，在空头行情中，要把跌幅最小的品种也视为替补目标对象，一旦行情由空转多，这些跌幅小的空头力量弱一些的品种将很容易出现上涨。

这种确定目标品种的方法只适合在整体行情多空性质发生根本性改变的时候才可以使用，如果行情始终保持多头状态或是空头状态，这种确定目标品种的方法也就没有用武之地了。

玩转期货 50 招

在实战操作的时候，最好不要频繁地切换目标品种，特别是跨板块切换目标品种，这样操作很容易把心态搞乱，变得急躁起来，生怕机会错过，你越有这种想法，反而机会也就越容易错过。正确的方法就是盯紧持续关注的品种以及依据技术关注每个板块中的龙头品种。

在 2011 年 5 月 27 日期货市场全景图中（图 1-15），结合收盘时各品种的涨幅关系，我们来交流一下盘中如何针对板块中的品种来确定操作对象的方法。

名称	最新	幅度%	涨跌	仓差	成交量	现手
橡胶1109	32750	0.55	180	-6142	895292	18
燃油1109	5015	0.00	0	-1656	9632	8
PTA 1109	9718	0.70	68	-9526	412300	40
L 1109	10725	0.56	60	-9876	459228	2
PVC 1109	8145	0.68	55	-4450	42296	4
焦炭1109	2371	-0.67	-16	-830	21708	2
美棉花12	129.50	1.96	2.49	0	3410	1
棉一1109	25455	-0.25	-65	-28204	791070	38
棉一1201	24350	-0.25	-60	16768	950794	32
白糖1109	6722	1.14	76	-27480	830840	114
白糖1201	6474	2.24	142	33624	305312	44
美精铜07	418.60	1.82	7.50	0	32044	1
沪铜1108	68660	1.21	820	21872	189456	4
沪锌1108	17450	1.07	185	20628	347044	26
沪铝1108	16730	-0.09	-15	3266	9306	24
螺纹1110	4837	0.14	7	-16242	313608	22
沪铅1109	17315	0.96	165	170	3580	2

图 1-15

从能源化工板块的表现来看，PTA1109 合约的涨跌最大，这意味着在多头盘面中，它是最值得进行做多操作的品种。L1109 合约涨幅落于后 PTA1109 合约，因此，它并不是最合适的目标对象。同时，燃油 1109 合约涨幅最小，如果盘面翻空，它是该板块中最适合的做空对象。

在有色金属板块中，沪铜 1108 合约涨幅最大，毫无疑问，只要盘面趋多，它是最理想的操作对象。沪铝 1108 合约涨幅最小，如果盘面趋弱，它则是做空的理想对象。

确定板块中谁是最佳的操作对象其实很简单。在多头盘面中就对涨幅最大的进行做多操作，在空头盘面中就对跌幅最大的品种进行做空操作，这是铁定不变的思路。

从 L1109 合约(图 1-16)2011 年 5 月 27 日的整体走势来看，多头迹象并不是太明确，首先从分时线与均价线的关系来看，两者处于纠缠状态，分时线在绝大多数的时间里以均价线为中心进行上下震荡，这样的技术形态显然并不是做多的理想走势。

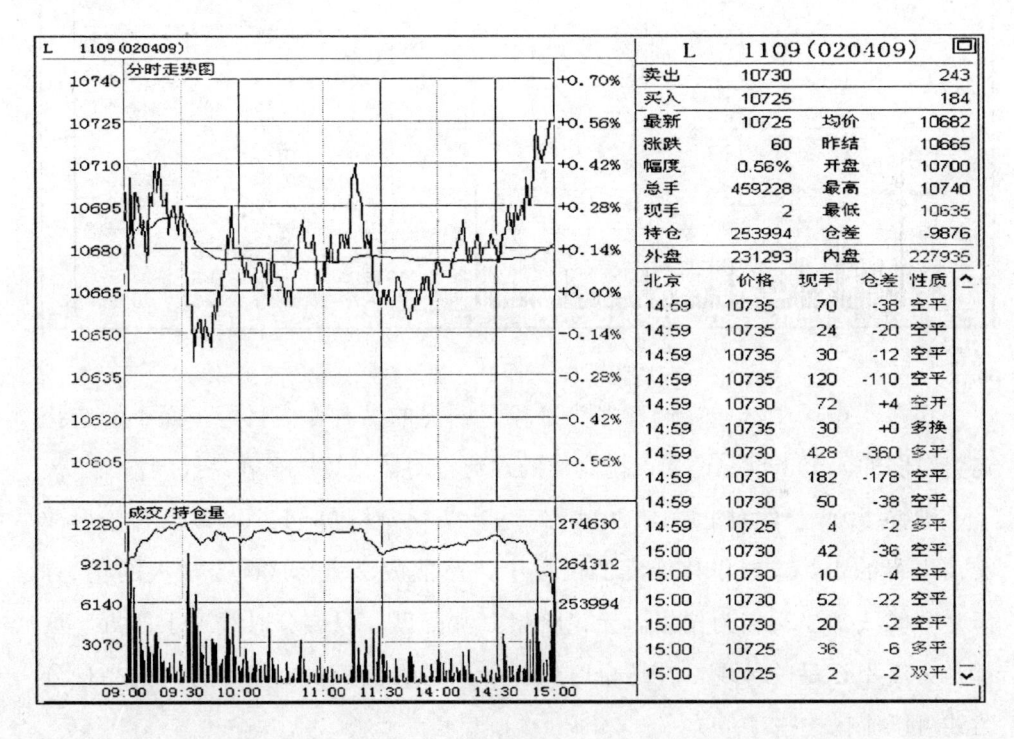

图 1-16

PTA1109 合约(图 1-17)2011 年 5 月 27 日虽然价格绝大多数时间里与 L1109 合约一样处于震荡的状态，但是，分时线与均价线的关系却非常清楚：分时线始终受到了均价线的支撑，对于这样的技术形态无疑是应当坚定做多的思路。

从 L1109 合约与 PTA1109 合约的走势对比上可以看到，PTA1109 合约更适合做多，这也是 PTA1109 合约至收盘涨幅大于 L1109 合约的必然原因。

图 1-17

在多头市场中，应当选择多头迹象更明显的品种作为目标，而不能选择走势较弱的。至于谁强谁弱，把具体的走势一对比便可以很容易找到答案。

沪锌1108合约(图1-18)2011年5月27日价格自11：00以后开始形成震荡上行的走势，在价格上涨的过程中，虽然成交量形成配合放大的状态，但是分时线却显得较为曲折。无论价格是涨是跌，只要分时线过于曲折，这都是力度不充足的体现，在这个时候，应当看看同板块中是否有别的品种分时线可以流畅一些。

沪铜1108合约(图1-19)2011年5月27日的整体走势相比沪锌1108合约要显得漂亮一些。首先自上午9：50分开始，分时线便持续位于均价线上方，从这个角度来讲，沪铜比沪锌的走势要强一些。

从分时线的波动形态来看，沪铜1108合约要显得流畅一些，这说明资金做多的力度较大，因此，它更适合于当天的做多操作。

确定板块中谁是最理想的目标品种，其核心思路就是择强而入。不管是多方的强势，还是空方的强势，当然，多方强势只能在多头市场操作，空方强势也只能在空方市场操作。如果整体市场是多头，但有一个品种具备明显的空头强势特征，还是不去做空为好。反之，如果市场是空头，却有一个品种具备多头强势特征，那也不能对它做多，而是应当服从盘面状况进行做空。

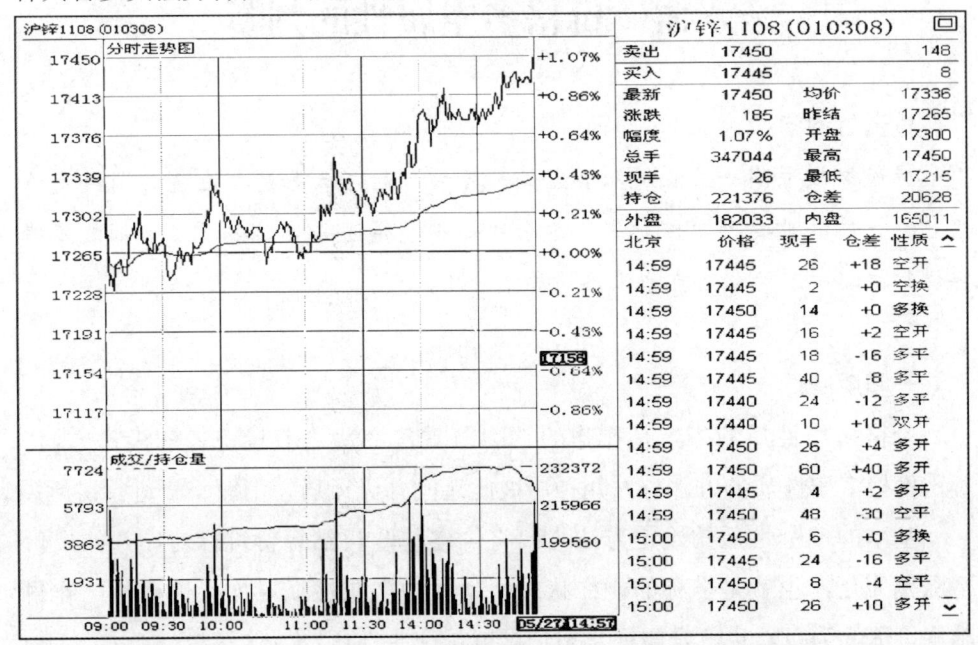

图 1-18

图 1-19

第六招 价格多空属性的判断

投资者询问：

听过老师每周一三五晚八8点的公开培训后，我知道了在操作前确定价格多空性质的重要性，但对这一方面的知识懂得还并不是太多，老师能不能再详细讲解一下，如何判断价格的多空性质？

一阳解疑：

价格多空性质的确定是操作的重中之重，它决定着投资者的操作方向。确定价格多空性质的方法有好几种，彼此之间并无矛盾，下面一一进行讲解。

基本的多空性质的确定方法为：将价格与昨日结算价进行对比，如果价格涨幅为正，也就是俗称的飘红状态，就视为多头性质；如果价格相比昨日结算价涨幅为负，也就是飘绿状态，这就是空头性质。

在多头性质的情况下，投资者应当考虑进行做多的操作，如果多头力量较弱，整体品种涨幅较小，则应当尽量逢低点做多，而如果整体品种涨幅较大，除了可以在调整低点做多以外，在价格形成突破的时候也可以追涨做多。

在空头性质的情况下，应当考虑进行做空的操作，尽量不要过于积极地做多。市场整体品种跌幅较小，则应当逢高做空，如果整体品种跌幅较大，除了可以逢高做空以外，还可以在价格创下新低的时候杀跌做空。

有的时候会碰到这样的走势，价格整体都处于飘红状态，但分时线的波动重心却不断下移，无论什么时候做多都将会产生亏损，面对这样的走势，就需要使用另一种方法确定价格的多空性质，这个方法前面的交流中已经谈到，具体方法就是查看分时线与均价线的关系。

利用均价线与分时线的关系确定价格的多空性质，可以忽略价格的实际涨跌幅。

在分时线位于均价线上方的时候，价格的波动就具备了多头性质，此时应当考虑做多。如果价格处于飘绿状态，则应当进行逢低做多的操作，而如果价格处于飘红状态，则可以积极地进行做多操作。

分时线位于均价线下方的时候，价格的波动就具备了空头性质，此时应当考虑做空。如果价格处于飘红状态，则应当逢高做空，如果价格处于飘绿状态，则可以积极地进行做空操作。

同时，还可以结合分钟K线图中，K线与布林线中轨的关系确定多空性质。K线位于布林线中轨上方，并且中轨趋势向上，这就是多头性质，在价格飘红的情况下则可以积极地进行做多操作。K线位于布林线中轨下方，并且中轨趋势向下，这就是空头性质，在价格飘绿的情况下应当积极地进行做空的操作。

多空性质的判断，必须要有一个参照物进行对比，否则是很难确定出来的，以上我们就用了三个参照物：昨日结算价、均价线以及布林线指标的中轨。这样一来，价格波动的多空性质也就很容易确定了。同时，确定价格多空性质是为了确定操作方向，这方面的话题之前也曾进行过交流。

橡胶1109合约（图1-20）2011年5月13日价格出现了连续上涨的走势，从整体走势来看，分时线始终位于均价线上方，毫无疑问，这是标准的多头性质。

图 1-20

从一开盘价格便连续上行,当天涨幅始终保持正值,从涨幅角度来看,价格的波动性质同样为多头。

从两方面的因素来看,都可以判断出价格波动时的多空性质,这样的走势属于是常见的多头属性(涨幅为正且分时线位于均价线上方),这样的多头行情最适合投资者进行操作,因为没有参照物多空提示的矛盾。

L1109合约(图1-21)2011年5月12日分时线在绝大多数的时间里都位于均价线下方,从两者的位置关系来看,价格的波动具备明显的空头性质。

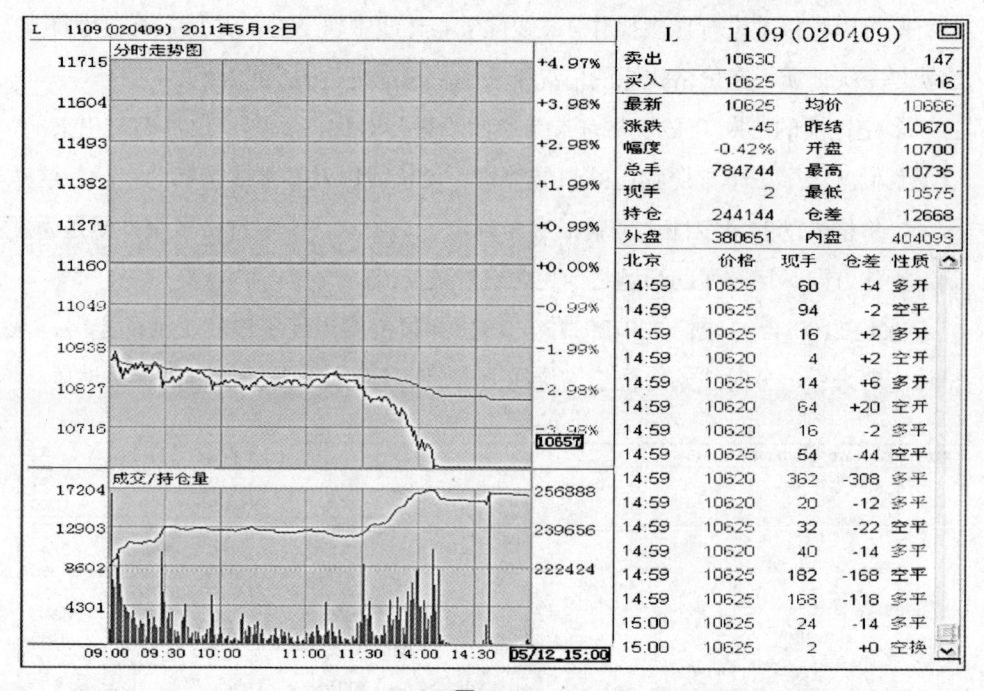

图 1-21

从开盘至收盘,价格始终保持着飘绿的状态,空头性质很明确。无论是参考均价线还是参考昨日结算价,都可以得出价格波动时所具备的空头性质。

这样的盘面属于是标准的空头盘面,因为没有参照物关于多空性质的提示矛盾,因此,投资者应当在这一天树立坚定的做空思路。

L1109合约(图1-22)2011年5月11日价格高开之后略做上冲便出现了连续回落的走势,从这一天的整体走势来看,如果入场做多则很难实现盈利,做空则机会却有很多。

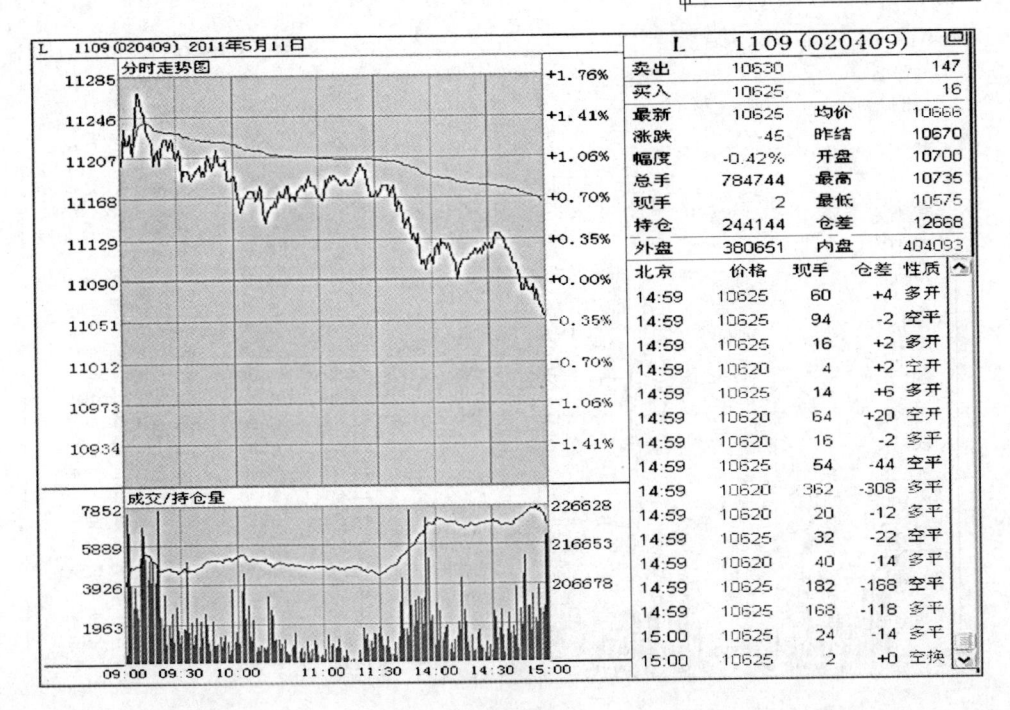

图 1-22

从价格的涨幅情况来看，除了尾盘期间飘绿以外，其余绝大多数的时间价格都处于飘红状态，如果将昨日结算价作为参考，这一天应当保持多头思路。但如果从分时线与均价线的关系来看，价格的波动则具备明显的空头状态，参照物的提示产生了矛盾。

当出现这种矛盾的时候，需要以技术性分析为准，也就是服从均价线与分时线关系的提示进行操作，而不宜使用传统意义上的飘红飘绿判断价格的多空性质。

白糖 1109 合约(图 1-23)2011 年 5 月 6 日价格低开之后出现了长时间的震荡上行走势，从这一天的整体走势来看，如果在场中进行做空操作，操作成功的概率则比较低，并且做空的机会比较少，但如果进行做多的操作，则获利的机会却有很多。

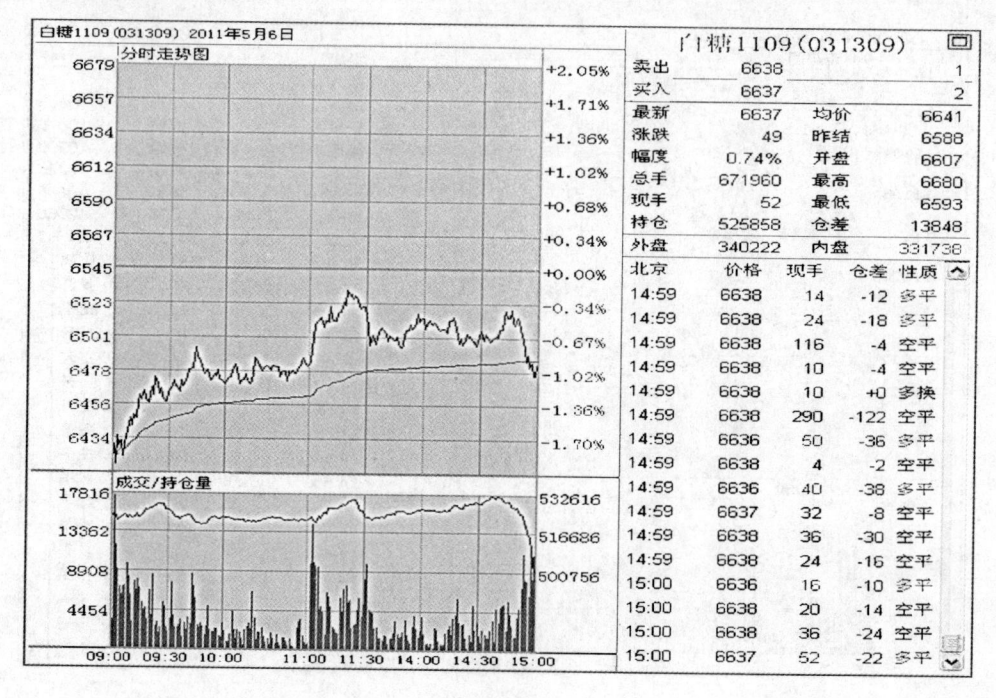

图 1-23

虽然价格在一整天的时间里都保持飘绿的状态，但根据均价线与分时线的关系来看，价格的波动却是多头性质的。根据价格的实际涨跌幅确定多空性质是僵死不变的，玩期货得灵活，所以，很多时候这种确定多空性质的方法需要被修正。

因为均价线可以平缓地追踪价格的趋势变化，所以，将它视为多空界线是比较合理的。其实对于多空性质的判断，在细节上难免会有分歧，并且多空性质的判断方法本身就是非常灵活多变的，因此，大家需要找到适合于自己的确定价格波动时多空性质的方法，这才是最重要的。

第七招 如何预测价格后期上涨空间

投资者询问：

当价格形成上升趋势的时候，有没有什么办法可以提前预测出价格的上涨空间呢？如果真有这个办法，就可以知道该在什么位置平掉手中的多单，也就不必再为平仓后价格继续上涨而苦恼了。一阳老师您懂的技术多，还请教给我这个方法吧。

一阳解疑：
首先一定要清楚一点：期货市场中任何方法都不可能做到百分百的准确，这些方法出现失误或是伪信号都是极为正常的事情，如果期货市场中真的存在必准的方法，投资者的钱岂不全让他一个人赚光了？

你希望学习到预测价格上涨空间的方法，从学习的角度来讲，这是积极的，但它却无法满足你说的：平仓后价格继续上涨的要求。因为很多时候并不是某些方法不准确，而是市场中的资金行为无法预测，你能猜出一个精神病的行为吗？

在价格形成上升趋势的时候，预测后期上涨空间的方法其实并不难。首先我们来考虑一个问题，价格上涨的动力何在？自然来源于资金的推动，没有资金的推动价格很难形成好的上涨走势。

假设价格已经出现了一波上涨，我们如何预测后期的上涨空间呢？就要从资金的角度去分析。如果第二波上涨出现的时候，资金入场交易的积极性比较高，必然会出现成交量进一步放大的情况，第二轮上涨的量能超过第一轮上涨时的量能，在资金推动力度变大的情况下，第二轮上涨的幅度必然会超过第一轮上涨的幅度。

如果先后二波上涨行情的量能接近一致，这说明入场交易的资金数量一致，在此基础上，这二波上涨行情的涨幅也将会接近一致。

如果第二轮上涨行情出现时的量能小于第一轮上涨时的量能，这说明资金入场的积极性开始降低，第二轮的上涨空间也将会小于第一轮上涨的空间。

虽然我们没有办法准确地预测出来价格第二轮上涨行情的具体幅度，但通过对成交量的分析，可以从资金的角度预测出第二轮上涨行情的力度状态，从而也就知道第二轮上涨行情是会比第一轮上涨行情的涨幅大、涨幅相等或是涨幅较小。

棉一1109合约(图1-24)2011年4月11日开盘之后价格出现了上涨的走势，在上涨的过程中成交量明显连续放大。有了之前上涨走势作为参照，便可以很容易地确定出后期价格上涨时的理论空间大小。

图1-24

在价格再一次展开上攻行情的时候，成交量远超过之前上涨时的量能，这说明有更多的资金纷纷参与其中进行操作，入场操作的资金数量多，价格后期的上涨空间自然将会加大。因此，在成交量超过前一波上涨量能的时候，便可以得出这样的结论：价格后期涨幅将会超过前一波的涨幅。

橡胶1109合约(图1-25)2011年4月8日价格出现了连续上涨的走势，在第二轮上涨的过程中，整个上涨波段由三个小波段构成，从视觉效果来看，这三小波上涨行情的涨幅基本一致，这是什么原因导致的呢？

从成交量的变化上便可以找到答案：在价格上涨的过程中，成交量基本上保持着一致的状态，这说明资金入场的数量基本一致，资金交易数量基本一致意味着价格上涨的动力基本一致，在这种情况下，波段的上涨空间也将会趋于一致。

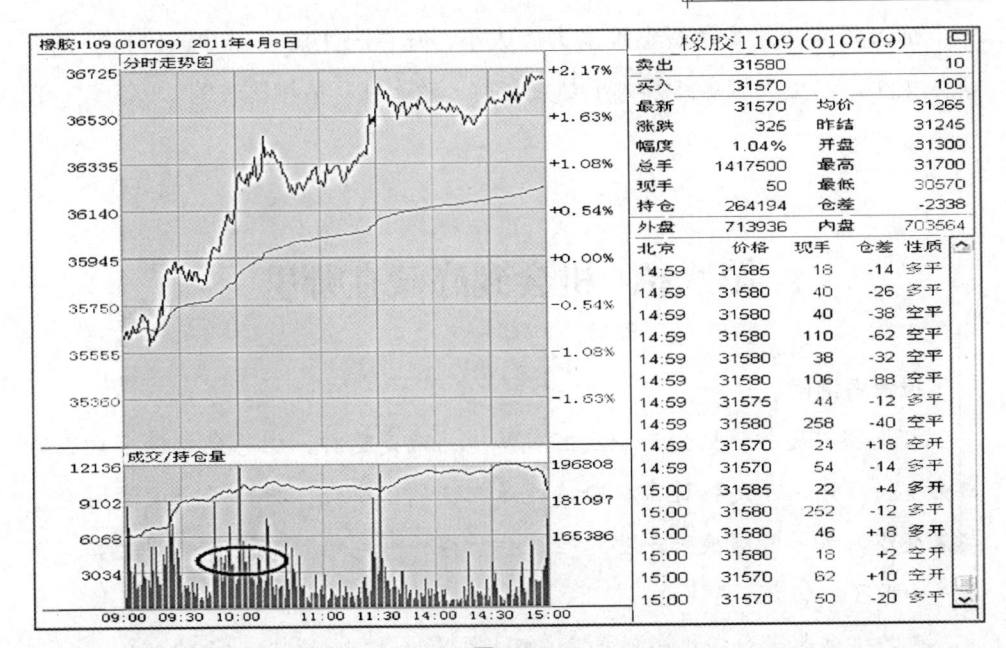

图 1-25

橡胶 1109 合约(图 1-26)2011 年 5 月 17 日价格出现了二波上涨的走势，第一轮上涨的空间较大，而第二轮上涨行情的空间较小，其中的技术原因就是：第二轮上涨行情出现的时候，成交量远小于第一轮上涨时的量能，在资金推动力度不足的情况下，第二轮上涨的幅度自然会减小。

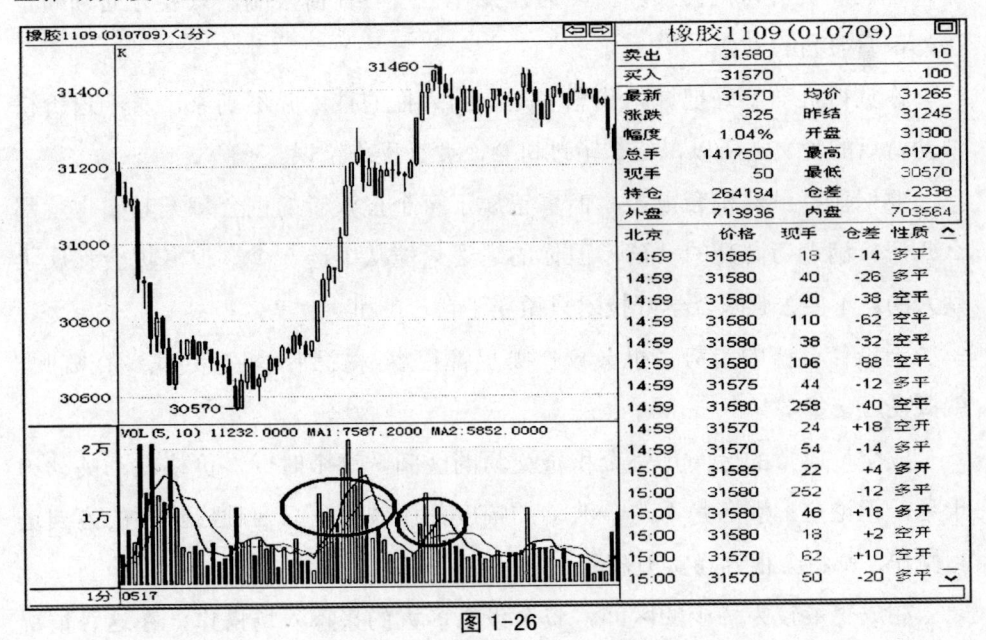

图 1-26

通过量能变化衡量资金推动力度大小，这样一来就可以知道价格后期的涨幅大小，当然，这个涨幅大小是要与前一轮上涨行情相比较的。

第八招 机会到底藏在哪里

投资者询问：

都说期货交易的机会多，虽然我知道的确是这样，但总感觉属于自己的机会少得可怜，不是错过了机会，就是把握错了机会，折腾了一段时间资金越来越少，如果能够换来一些经验这也值得，可连经验都没有换到太多，钱真是白亏了。

您能不能告诉我，机会到底藏在哪里？该如何去把握这些机会呢？

一阳解疑：

你的问题有些大。其实只要价格产生了波动也就带来了机会，所以，大家都在说期货交易机会很多，因为在操作上没有任何限制，只要方向判断正确，都有盈利的机会。

你觉得机会不好把握，我想多是在因为你的技术并不到家，看不透价格波动背后的含义，所以，要么错过机会，要么操作错误。

要记住：虽然机会很多，但真正属于每个投资者的机会每天其实也就那么几个，满大街漂亮的女孩，但你的老婆只能从中选一个。很多机会都属于别人的，不要去强求，学好技术只做属于自己的机会。

无论什么样的走势，机会藏在哪里都很容易找到，机会到底藏在哪呢？就藏在成交量中！

成交量放大的区间是资金积极交易的区间，这个时候，价格波动的动力十足，无论是上涨还是下跌，波动的幅度都比较大，只要顺应价格的方向进行操作，都将会很容易实现盈利。

在成交量较为稀少的区间，资金没有多大的兴趣入场操作，在这种情况下，价格波动的幅度都比较小，往往一会儿上一会儿下，趋势延续性很差，这个区间很不容易操作。

以后，你可以尝试一下在成交量放大的区间去寻找机会，我想，你的困惑很快便可以找到答案！

棉一1201合约（图1-27）2011年5月17日价格在盘中出现了较大幅度的震荡走势，从整体走势来看，大幅波动与窄幅波动交替出现。在大幅波动出现的时候，投资者参与其中可以获得非常可观的收益，而在窄幅波动出现的时候进行操作则困难重重，所以，应当放弃这样的机会。

图1-27

那么，大幅波动的机会该怎样寻找呢？从成交量的变化中就可以找到它们的藏身所在。价格之所以能够出现较大幅度的涨跌，就是因为有大量的资金在进行着积极的操作，如果没有资金在进行交易，价格就没有动力大幅波动。

从图1-27中可以看到，在放量区间，机会多多，而在缩量区间，机会少之又少。机会，就藏在放量之中。

焦炭1109合约(图1-28)2011年5月17日成交量长时间保持着萎缩的状态，在量能萎缩的时候，价格的波动幅度都比较小，这一期间虽然有获利的机会，但这些机会却较难把握。因此，投资者要养成一个习惯，尽量在缩量区间不去操作或少去操作，因为缩量区间的盈利机会太少了。

图 1-28

而在成交量出现放大状态的时候，价格的波动幅度都非常大，这说明只有在资金积极入场交易的情况下，价格才会有动力去大幅波动。所以，投资者一定要养成在放量区间积极操作的好习惯。

当然，机会藏在放量区间，这只是一个大标题，在实际操作的时候，还需要结合其他的技巧去精确介入点位。但只要在放量区间寻找机会的方向不错，盈利之路也就等于走完了80%。

第九招　日内投机看什么周期K线为好

投资者询问：

在进行期货日内投机交易的时候，应当选用什么周期的K线进行分析为好呢？选周期太短的吧，总觉得伪信号太多，选周期长一些的吧，又觉得交易信号太滞后。老师，您实盘操作时是看什么周期的K线图呢？

一阳解疑：

每个投资者操作模式都是不同的，不同的操作模式其操作分析也必然完全不同，这其中也包括对分析周期的选择。

如果投资者进行的是趋势性交易，他不太可能会看短周期的分钟K线图，比如1分钟K线或是3分钟K线，比较适合的是在价格进入到预期中的高点或低点后，结合15分钟或30分钟K线分析为好。

但如果进行的是日内投机交易，周期长一些的K线就没必要看了，正如你所说，等交易信号出现的时候，价格可能已经有了一定幅度的涨跌，信号必然滞后。

短周期的K线可以非常灵敏地反应价格眼前的波动方向，但缺点就是伪信号过多，需要投资者掌握过滤伪信号干扰的能力，其优点就是根据短周期K线的信号进行交易不会错过机会。长周期K线一旦价格形成某种趋势，它的提示是非常稳定的，可以帮助投资者把握住大波段的机会，但对于小级别的波动它却无能为力。

所以，你需要首先确定自己想要进行什么周期的操作，我想你总不会一会儿想着做日内，一会儿又想着做趋势吧，重要的不是什么周期的K线好，而是找到一个适合于你操作模式的周期K线。

我进行的操作都是日内投机交易，商品期货的趋势性交易是我的弱项，但由于有着十几年的股票分析经验，所以，在股票指数形成重要顶底的时候，我会对股指期货进行趋势性交易。由于对商品期货多进行的是日内交易，所以，我使用的是1分钟K线图，然后再结合3分钟K线辅助进行分析。

周期再长一些的5分钟K线我不使用，因为5分钟K线一天也出不了多少根，除非价格形成单边的波动，否则一旦上下震荡，5分钟K线就很难用来指导操作。

当然，你千万不要见我使用1分钟K线进行分析你也就这样使用，你必须要了解一下这样的周期是否适合于你，适合的才可以使用，如果不适合但偏要使用，只能起到副作用。

当然我也并没有否定别的周期K线的优点，只不过我一直在使用1分钟K线图，觉得周期再长的不适合我而已，并不是它们不好用，这就好像吃的一样，有的朋友吃不了辣椒，但有的朋友却无辣不欢，不同周期的K线并没有什么好与不好，只有适不适合自己。

第十招　多头行情却想做空的操作误区

投资者询问：

虽然炒期货已经有段时间了，但我却有一个老毛病始终改不掉：在价格上涨的过程中，我满脑子都想的是放空单，有时可以空在价格的顶部，但更多的时候却空在了上涨的中途，结果损失惨重。我也知道这样的做法完全错误，可就是过不去这一关，这可如何是好？

一阳解疑：

技术问题好解决，但心理问题却很难解决，因为每个投资者的脾气不同，所以，没有一个固定的法子去解决心理问题。你所说的事，我觉得技术因素少，而心理因素多。

上涨时为什么不去做多却总想着做空呢？我想，多是由于你错过了合适的做多点位，看着价格连续上涨心有不甘，错过的机会你总想把它争取回来。

所以，在做多机会丧失之后，你就会想，上涨了肯定会调整或是下跌，我做一把空，这样就赚到一笔钱了。在这种心理的支配下，你满脑子都想的是在价格连续上涨的时候如何做空。由于你有过在上涨后的顶部做空的经验，这让你赚了大钱，所以，又会加深这种错误想法在脑中的印痕。

玩期货就需要保持一个愉快的心情，哪怕出现了亏损也不能有过大的心理负担，这样才可以。如果某天又形成了连续上涨的走势，而按照你的习惯肯定又要想着逢高做空了，那我建议你赶紧关掉电脑，今天停止操作，什么时候价格真的跌了下来再找机会做空为好。

心理因素我只能说这么多，因为心病还需心药治，心态方面的事只能自己去悟去解决，谁也帮不了你太多。接下来再从技术的角度谈一下你的操作问题。

从技术角度来讲，你的做法毫无疑问是绝对错误的。什么时候做多？要在上升趋势形成以后再做多。什么时候做空？也一定要在下降趋势形成之后再去做空，而绝不能提前于涨跌趋势提前操作。上升趋势形成你却一直做空，谁知道高点会在哪里？而此时能知道的就是上升趋势还在确立，价格涨的概率要大于跌的概率。

在价格上涨的时候，肯定会形成这样的技术特征：分时线位于均价线上方，同时，分钟K线也往往位于布林线中轨上方，根据之前所讲过的可以得知，在这种情况下一定要一门心思做多，绝对不能有任何做空的想法。

你之所以损失惨重，其实就是没有做到：顺势而为，这句话说得简单，但做起来却太难了。但只要按前边所讲解的确定操作方向的方法进行交易，你这个所谓的大问题其实只需要一个小招便可以搞定。

第二章　日K线分析技巧

第一招　做趋势就别在意盘中波动

投资者询问：

之前我总是进行日内投机操作，但却总是赔钱，觉得可能操作方法不对或是这样的交易模式并不适合我，现在我开始尝试趋势性交易，可在操作过程中又出现了新的问题：虽然制订的操作计划是要进行趋势交易，可当价格在盘中有所变动，出现一定盈亏的时候，我又按照日内投机的方法进行了操作，结果使得趋势交易的效果也并不理想。这样的问题该如何处理呢？

一阳解疑：

进行日内投机，很多时候会错过日线级别的趋势性机会，从操作效果来看，较大的收益则需依靠多次交易累积。而进行趋势性交易，则会错过很多日内投机的机会，但只要方向把握正确，一次操作所能实现的盈利将会是非常高的。但这二种操作模式又很难完美地同时进行，既想把握住日线级别的波段机会，又不想错过日内的投机机会，除非操作水平已炉火纯青，但这样的投资者少之又少，所以，我们只能取一头来做。

你觉得日内交易难以把握，这跟交易技术的熟练程度以及心态的变化有很大关系，而我则很喜欢日内交易，可能我的技术以及我的心态适合于进行日内投机，但如果让我做趋势交易，除非是股指期货，否则商品期货的趋势交易真是我的弱项。这其中不仅涉及技术的问题也涉及很多心态的问题。

像你想做趋势性交易，但看到价格盘中波动又想做日内交易，这就属于是心态的问题。日内投机与趋势交易有着很大的差别。

进行日内投机你的仓位可以重一些，价格有所波动实现了预期的收益就要及时离场，一般来讲，每次日内投机使资金获利2%～5%已经是很不错了，获得10%以上的日内投机收益已算是很了不起的事了。同时，进行日内投机交易，止损不能设置过宽，因为每次交易的获利目标并不是太高，所以止损幅度过宽则很容易造成当天难以弥补的亏损。

但如果进行趋势交易，则不可重仓，否则价格临时反方向波动一下就可能保证金不足，进行趋势交易每次获利30%以上的收益都不算是什么高收益，既然收益率较高，止损的幅度也就需要放大一些，如果止损幅度过小，不给价格留出正常的波动空间，根本无法下手交易。日内投机价格波动20~50元就要考虑止损（不同的品种止损幅度略有不同），但如果进行趋势交易，价格波动上百元有时都要继续持仓，可见操作的差别还是很大的。

进行趋势交易最重要的就是注重日K线甚至是周K线的变化，进行日内投机则要多注意分钟K线的趋势变化。在价格达到波动预期之后，趋势性交易可以结合着分钟K线寻找合适的位置平仓出局，否则在持仓过程中尽量少关注一些盘中的走势，因为这样很容易受到干扰。而你的问题就在于：做着趋势单却还一个劲盯着价格盘中的变化，这样做肯定不行。

解决的方法我觉得那就是尽量少看盘，先把你的止损位以及盈利的目标位设定好，然后把目标品种设定上价格预警，在价格的波动达到止损位的时候，就会发出声音提示，你就按计划无条件止损。而当价格到达你获利目标位时，同样无条件平仓出局。平时少看盘，反正有预警提示，不用过于提心，越是盯着盘面看，越是容易受到价格盘中涨跌的干扰。我觉得也只有这一个方法能解决你的这个问题。

无论你是做趋势性多单还是空单，价格在盘中波动的时候，难免会形成反方向的走势，只要没有达到止损位，对这些反方向的走势过于在意，心态上就必然会受到打击。做好最坏打算，只要价格没有突破这个限制，就一直持仓等待合理目标位的到来，这也是做趋势交易的基础。从我身边朋友的操作来看，他们在做趋势交易的时候，都是忽视日内波动的，但这样的交易模式肯定要有一个过程，特别是你有很多日内投机的经验，难免会把日内投机的方法带入到趋势交易过程中。所以，一定要强迫自己使用这样的方法，除非技术与心态成熟了很多以后，否则做趋势就千万不要过多地看日内。

每个投资者都要有一套适合自己的交易方法，别人的优点可以学习，但不能一味地模仿，要看看别人的方法是否真的适合你自己，如果不适合，那这个方法在别人身上是优点，而在你身上则就是缺点。适合自己的方法就是正确的方法，如果不适合，那都是"错误"的方法。

第二招 什么情况下谨慎持有趋势单

投资者询问：

我喜欢进行趋势性交易，感觉这样操作比较省心，并且实现的盈利也比较高。不过在操作上存在这样的问题：如果价格形成简单形态的涨跌，操作没有什么难度，但这样的走势出现的次数比较少，多数是形成震荡形态的涨跌，这多少会给持仓操作带来一定的干扰。希望老师可以告诉我，在什么情况下需要谨慎持有趋势单？

一阳解疑：

在大方向判断正确的基础上，趋势性交易的确比较省心，任何一根移动均线都可以轻松地帮助投资者解决持仓的问题：均线趋势不改则一路持仓。但在很多时候，价格虽然大方向不断延续，但涨跌途中却经常会出现各种各样反向方的走势，谁也不知道哪一次的反弹或是调整会演化成为真正的底部或是顶部。所以，在进行趋势性交易的时候，的确需要对一些敏感位置进行关注，并在这些位置需要保持谨慎的持仓态度，如果预警解除则可以继续坚定持仓，如果价格有进一步转扭趋势的迹象，则需要考虑平仓出局。

建议在以下位置需要谨慎持有趋势单：

（1）在价格经过一段时间的上涨或下跌后，技术指标存在顶背离或底背离区间时，需要谨慎持有趋势单。

从历史的数据来看，一旦价格经历了一轮持续性的涨跌行情之后，MACD指标底背离或顶背离现象形成时，价格将会在该区间形成一次重要的顶部或是底部，在该区间投资者需要谨慎持有趋势单，并要根据具体日K线形态择机逢低或是逢高平仓。

白糖1109合约(图2-1)2010年11月至2011年2月价格形成了中级顶部的走势,由于顶部形成的时间较长,并且顶部的K线形态相对复杂,想要把握住最高点是很困难的,对于做多的投资者来说,只要在价格的高点区间进行平仓都是正确的,不能总想着一定要平在最高点,这是很不现实的想法。

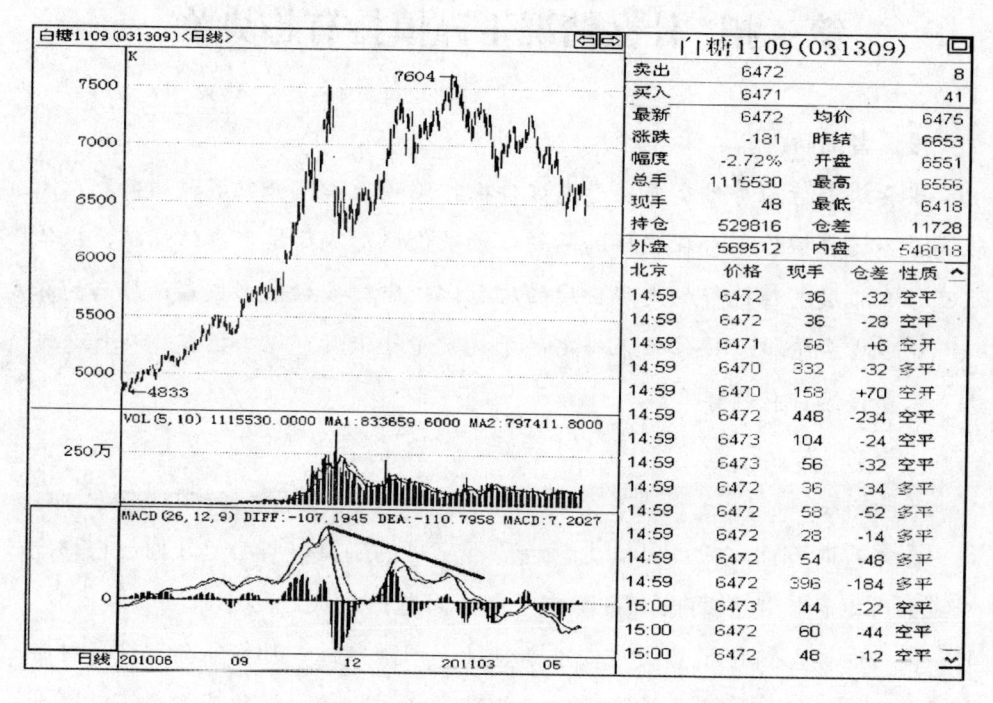

图 2-1

从MACD指标的变化来看,在价格进入顶部区间并且依然创出新高的时候,指标线并没有随之不断上行,而是形成了高点依次降低的状态,这就是顶背离信号。它的出现往往表明价格此时的上涨属于是最后一轮上涨,从历史的数据来看,这种形态是一种成功率较高的风险信号,因此,在该区间投资者一定要谨慎持有手中的趋势性多单,并择机逢高平仓多单。

同理,当价格连续下跌之后,有形成底部背离迹象的时候,也应当谨慎持有趋势性空单,并择机逢低平仓。

(2)在价格进入重要支撑或是压力区间的时候,谨慎持有趋势单。

价格进入重要的支撑或是压力区间时,后期价格的变化只有两种可能:

一是突破支撑或压力，使趋势继续延续，二是受到支撑或压力的作用，价格趋势反转。由于此区间存在趋势延续以及趋势逆转的可能，因此，需要在持有趋势单的时候保持一些谨慎。

豆粕1201合约(图2-2)2011年4月初价格见到高点之后出现下跌的走势，经过一个多月的震荡下跌之后，价格到达了前期低点的位置。这个位置是一个关键位置，从技术的角度来讲，具有支撑的作用，并且前期价格在这个区间形成了一波较为强劲的上涨走势。所以，该位置使得价格的波动具备了两个方向的可能。

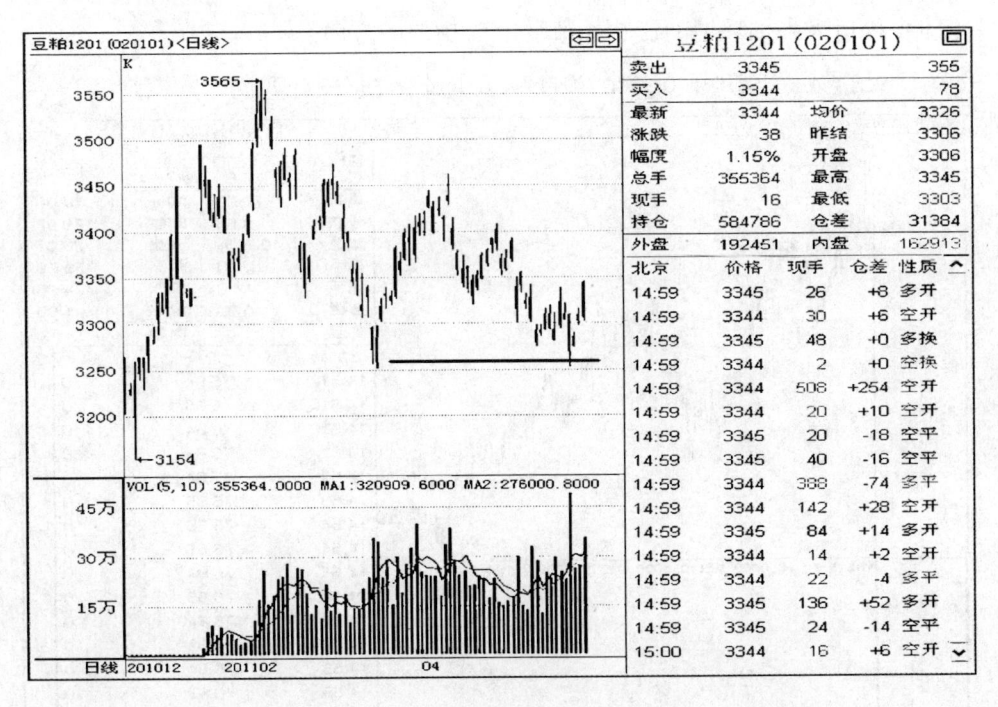

图2-2

有可能价格向下突破支撑位，从而使得下降趋势得以延续，如果破位走势形成，投资者则可以解除预警继续持有空单。但如果价格并没有向下形成破位，而是有反弹的迹象，此时就需要考虑先行将空单平仓出局，待反弹后的高点再重新寻找机会做空。一旦支撑形成，将有可能演化成为双底形态，这对于空单来讲，并不是什么太好的事情。

在价格面对支撑与压力的时候，由于存在两个方向的可能，所以，持有趋势单的时候需要保持谨慎的态度。当然谨慎并不意味着一旦形成这种技术特征就需要平仓，绷紧这根弦，随时做好继续持仓与择机平仓的准备。

（3）在美元指数有形成顶底迹象的时候，要谨慎持有趋势单。

在进行期货交易的时候，投资者需要对美元指数进行同步分析，其中常见的规律为：美元指数上涨则商品价格下跌，美元指数下跌则商品期货价格上涨。在商品期货价格没有或较难分析出有明确见底或见顶迹象时，如果美元指数有了明确的顶底迹象，这个时候投资者就需要谨慎持有手中的趋势单，以防止价格受外部环境的影响而改变当前趋势的方向。

美元指数，2010年6月至2011年5月走势图（图2-3）。

图2-3

美元指数的趋势方向与商品期货价格的趋势方向是相反的，但由于美元指数K线波动较为平稳，而不像国内商品期货价格那样经常性高开或是低开，所以，会减轻很多分析的压力，这也使得分析的结论准确性会高一些。无论是否可以对商品期货当前的走势性质做出准确的分析，美元指数波动性质的判断是必不可少的,特别是无法对商品期货价格的波动性质做出判断的时候,看一下美元指数的走势情况,便可以做到心中有数。

在美元指数形成重要高点或低点区间的时候,手中商品期货的趋势单就要小心一些,一旦美元指数趋势方向逆转,也必然会带动着商品期货价格趋势发生变化,虽然不一定会是同步的,但二者在同期大级别的方向肯定会是相反的。

由于价格的波动有着多种形态的变化,而每一种形态对于趋势单的持仓都会产生或多或少的影响,所以,在什么位置应当谨慎持有趋势单绝非仅限于以上这三种情况,投资者也应当从市场中多多学习,不断总结价格波动的规律,这样才会立于不败之地。

第三招 别提前于趋势的形成持有趋势单

投资者询问:

2011年1月末,我以平均持仓成本32500元做空棉一1109合约,当时做空它的理由是:价格有形成双顶的迹象,并且从MACD指标的形态来看,形成顶背离是铁定的事情。可谁知春节过后,价格再度连续上涨,因为保证金不足只好在价格创出新高之后迫不得已止损出局。

在2011年3月初,我依然认为棉一1109合约要下跌,于是又在32900元一带再次做空,这一次做空之后,价格果然连续回落,不仅赚回了之前的亏损还实现了可观的收益。

对于这两次操作,我的介入位基本上都在同一价格水平处,可为何盈亏的结果差别这么大呢?希望老师可以指点一下。

一阳解疑:

我觉得你第二次做空是非常正确的,但第一次做空时思路是没有大问题,只是介入点出现了一些失误。

为何第一次的做空亏损出局呢？理由是你提前于下降趋势进行了做空，也就是在下降趋势还没有出现的时候过早地介入了空单。为什么要做空？相信你有你的看法，认为棉花的价格人为炒作明显，脱离了实际的价值，再加上政策性的导向，与指标的顶背离现象，从而认为价格后期将会下跌。后期的价格也的确跌了下来，但在下跌之前又来了一次上冲，正是这个上冲把你逼出局了。

第二次操作盈利因为你顺应了趋势，当时价格的下降趋势已经形成，你顺势做空赚钱就是必然的事情。

进行做空操作，特别是在价格上涨的顶部做空，介入位是十分讲究的，我的观点是：就算此时顶部信号再多，只要上升趋势没有结束，就坚决不要先于下降趋势的到来而入场做空。

顶部是一个区间的概念，而并非一个具体的点，这个区间可大可小，你赶上了一个大幅度的顶部区间，加之仓位没有控制好，所以后边的上涨使你的持仓变得很被动。

顶部来了价格后期必然会出现不同程度的下跌，什么时候做空是需要仔细思考一下的。

神枪手命中靶心的次数是很多的，但这个靶心是一个具体的点吗？不是！它是一个较小的区间范围，只要打到这个区间范围内就算数。而期货价格的靶心却是来回变化的，我们不能提前知道这个最高点在哪里，只有在价格形成下降趋势的时候才可以做出判断。虽然此时已经错过了最高点的做空好时机，但并不要紧，因为价格后期将会连续下跌，在次高点做空就非常合适了。这个位置可以明确顶部的到来，并且此时下降趋势已经明确形成，这才是最好的做空机会。

提前于下降趋势做空，运气好可恰好开到价格上涨后的最高点，但这种好运气并不是每个投资者都能碰上的，技术上也永远无法解决这个问题。但是，次高点以及下降趋势形成的初期却完全可以利用技术方法做出判断。而你第二次的介入点就恰是这个点位，因此才会扭亏为盈。

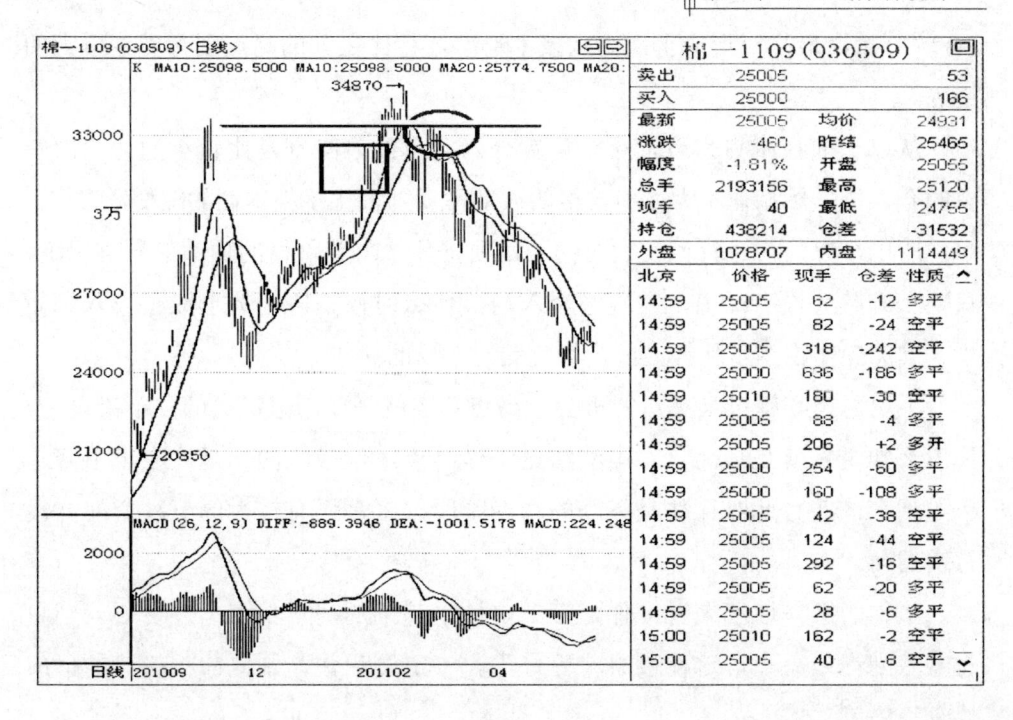

图 2-4

棉一 1109 合约(图 2-4)在 2011 年 1 月末,的确可以说价格开始进入顶部区间,我的看法与你一致：MACD 指标必然要形成顶背离,并且有可能形成双顶形态。但这个双顶可以有三种变化:两个高点完全水平,这是正常的双顶;左高右低是弱势双顶,这是最值得做空的形态;但很不幸,棉一 1109 形成了左低右高的强势双顶形态,这是导致你第一次操作产生亏损的原因。

虽然价格这一时期的波动有顶部的信号,但是价格此时的上升趋势却并没有改变,你在上升趋势没有结束时做空,自然要承担较大的风险。什么时候结束上升趋势不得而知,但已知的就是此时上升趋势依然在延续,你的操作是不是跑到下降趋势的前边了?

价格创出新高后不久便出现了下跌,你在第一轮下跌后的反弹高点做空,相对最高点这就是一个次高点,此时的走势有着这样的技术特征:

(1)MACD 指标进一步趋空。在价格此时反弹的时候,顶部已明确形成,并且指标的空头排列状态非常明显。

(2)10 日移动均线形成下降趋势。这意味着什么,相信大家都清楚。

51

(3) 相比最高点形成了次高点技术形态，相比之前的高点则有受到压力的迹象。

从以上的技术点来看，这个位置介入空单的风险则是比较小的。二次空单的介入位虽然相差不大，但价格的波动性质却发生了根本性的改变。

所以，以后再进行做空的时候一定要记住：就算价格的顶部信号再明确，只要上升趋势没有结束，就别急着入场，什么时候下降趋势形成了再入场做空。谁的操作跑到了趋势之前，都要受到市场的惩罚。

不要总担心错过最高点的机会，高点其实就是要用来错过的，不错过它，你怎么知道那就是最高点？虽然错过了最高点，但换来的却是迎来了下降趋势的到来，并且此时往往是下跌的初期阶段，未来还有较大的下跌空间并没有错过啊。

从你的操作情况来看，你是有一定技术基础的，只是少一些贪心，别总想着做空在最高点，这样效果就更好了。一定要记住：别提前于趋势的形成持有趋势单。

第四招　如何在上涨中途介入趋势多单

投资者询问：

根据老师所讲的一些思路，应当在上升趋势形成时再进行趋势性做多的操作，但从实际走势来看，当发现上升趋势形成的时候，价格已有了一定的涨幅，如果此时入场进行操作，短线很容易被套，虽然后期还会再度上涨，但短线的回落却让人心里难受。

老师有没有什么方法可以解决这个问题的呢？也就是既要求上升趋势形成，又避免介入后价格又调整。

一阳解疑：

其实呢，既然知道价格后期还要上涨，短线就算暂时亏损又有什么关系呢？毕竟我们要允许调整的出现，只要这些调整不会妨碍当前的上升趋势，就没有任何问题。正常的调整不仅不会影响后期的上涨行情，反而在多方休息一下以后，可以聚集力度继续强势上攻。

顺着这个思路出发可以得知：调整是上涨过程中最好的介入位。不过有的朋友在价格调整的时候又不敢介入，因为能调整下来多深的幅度，以及会调整多长时间都是不得而知的。所以，就讲一个在上涨途中价格调整结束时的趋势性做多方法。

这个方法需要使用三根移动均线，分别是：5日移动均线、10日移动均线与20日移动均线。具体的方法为：

(1) 20日移动均线必须保持上升趋势。这是要求价格大级别的上升趋势明确，只有在此情况下，短线调整出现之后，价格才有进一步上涨的可能。

(2) 随着价格的调整，短周期的5日移动均线与10日移动均线形成死叉现象。

(3) 短周期死叉形成之后，没多长时间（时间越短越好），随着价格的上涨，5日移动均线与10日移动均线又形成金叉，这意味着价格调整的结束。

(4) 5日移动均线与10日移动均线的死叉与金叉行为必须发生在20日移动均线的上方，绝对不能向下击穿20日移动均线。

移动均线的这种波动形态说明：在价格大的上升趋势确立的情况下，价格形成了短线的调整，调整过后价格又很快再度上涨，一旦金叉形成就可以入场进行做多的操作。这种方法不仅可以用于趋势性交易，也可以用来指导日内投机的多单交易。

橡胶1205合约（图2-5）在2010年10月至2011年1月期间出现了二波连续上涨的走势，在价格上涨的中途均出现了调整的走势，从整体走势来看，调整的出现恰是极好的多单介入位。结合图中提示的调整，我们来看一下这个技巧的具体应用方法。

2010年10月末价格上涨后出现调整，调整的出现使得短周期5日移动均线与10日移动均线形成死叉，在短周期均线死叉的时候，20日移动均线则依然保持着上升的趋势，这说明价格大级别的上升趋势并没有结束的迹象。

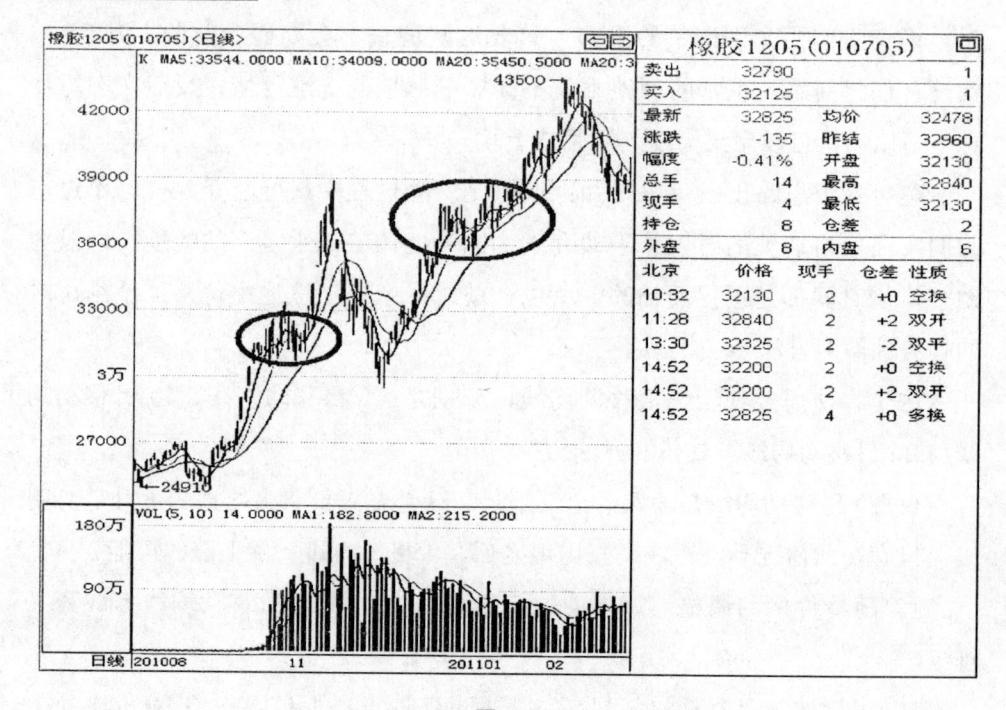

图 2-5

死叉出现之后,受到价格上涨的带动,5日移动均线与10日移动均线又重新形成金叉,并且金叉与死叉相隔的时间很短(此时的金叉意味着之前的死叉是一种骗线行为),死叉与金叉均发生于20日均线上方,满足了全部的技术要求。一旦金叉形成便可以入场进行做多的操作。

第二轮上涨走势出现之后,价格的调整与上涨同样使得5日移动均线与10日移动均线形成了死叉与金叉的现象,并且死叉与金叉均发生于20日移动均线上方,在金叉形成的时候就是多单介入时机的到来。

棉一1109合约(图2-6)2011年1月初,随着价格短线调整走势的出现,两条短周期移动均线形成了死叉的走势,但是,很快调整结束,两条短周期均线又受到价格上涨的带动而恢复了之前的多头排列状态。从短周期均线死叉与金叉的位置来看,均位于20日移动均线上方,并且20日移动均线始终保持着上升的趋势,这意味着价格的上涨行情还并没有结束,投资者应当继续看多与做多。

图 2-6

金叉的出现意味着价格调整的结束，调整结束后方向自然会延续之前的上升趋势（受 20 日移动均线方向的指引），所以，在金叉形成的时候，便可以入场进行趋势多单的交易。

在实战操作时，这种买入技巧的要求条件满足后，并不能保证价格一定会连续上涨，再一次的调整随时有可能再度发生。但这并不要紧，既然是趋势性交易，就要忽视短线的波动，多去关注大趋势的方向。

第五招 如何在日 K 线中进行突破操作

投资者询问：

前些时候知道了老师每周一三五晚 8 点都会举办公开的期货交易技术培训，一直找不到学习方向的我终于有了好的归宿。其中一节课老师谈到了突破走势的重要性，而我则是非常愿意操作突破走势的，在价格向创新高时做多，在价格向下破位时做空。但有时却依然会出现亏损，明明我的开仓点很正确，可就是赚不到钱，真是让我困惑。

老师能不能再详细告诉我一下，在日K线图中该如何去做突破呢？

一阳解疑：

价格的上升或下降趋势想要延续下去，就必须要不断地形成突破的走势，突破前期压力及支撑、突破新高及新低等。所以，关于突破走势的操作是投资者必须要掌握的方法。在突破位做多但却出现亏损，这往往是做在了假突破的位置。并不是什么样的突破都可以操作的，做突破一定要再结合一些其他的因素进行分析。

首先要注重价格涨跌的波段状态，如果价格之前已经形成了连续几波的涨跌，再形成的突破还是不做为好，连续涨跌之后最容易出现假突破的走势。但如果价格处于涨跌的初期或是涨跌的中期阶段，这个时候形成的突破就可以积极进行操作了。判断涨跌初期与上涨中期的方法为：看一下涨跌的波数，如果当前的上涨是下跌之后的第一轮上涨，或当前的下跌为上涨之后的第一轮下跌，就可以定义为涨跌的初期阶段；如果当前的上涨是见底之后的第二轮上涨，或当前的下跌是上涨之后的第二轮下跌，则可以确定为涨跌的中期阶段。当然，这种判断的方法是灵活的，其含义就是指价格的涨跌空间并没有透支完毕，只要满足这一点就可以确定为涨跌初期或是中期的性质。

在此基础上，一旦价格突破上涨时的调整高点及反弹的低点，或是突破前期重要的压力位与支撑位都可以视为有效突破，既然突破有效，自然就可以入场操作。

其次关注整体市场状态，特别是相关品种的走势，如果只是目标品种有走强迹象，而其他相关品种走势较弱，就目标品种形成突破，也不宜入场进行操作。反之，如果目标品种走弱创新低，但相关品种却并不这样走，此时也不宜操作。

最后要适当关注一些基本面情况，比如国家当前的政策状态、现货状态等。价格要上涨，必须要有一个轻松的外部环境做配合。如果国家相关政策或是现货状况不支持价格的上涨,就算技术形态上形成突破的走势,价格也将难以具备持续上涨的能力。反之下跌也是同理。

在价格波动的过程中,价格形成第一次调整或反弹而后出现的第一次突破是最值得操作的位置,这个介入点也是获利成功率最高的位置。只需掌握这一招,相信你以后再做突破走势的时候,就很少会出现亏损的现象了。

PTA1109合约(图2-7)2011年3月期间价格已有了较为明确的顶部信号,并且也出现了第一轮的下跌走势,第一次下跌之后价格出现反弹,高点降低的双顶形态又一次确认了顶部的到来。反弹结束之后,价格的连续下跌使得破位走势出现,此时应当持有什么样的操作态度呢?

图 2-7

价格此时的波动性质已经可以确定:这是见顶后的回落,并且当前的波动属于是首轮下跌之后的首次破位走势,这预示着下跌刚刚开始。因此,在价格向下形成突破走势的时候,便可以入场进行开仓的操作。

为什么首次下跌之后的首次突破走势成功率高呢?这是因为经过首次下跌而后又出现首次反弹以后,价格的顶部迹象已经是非常明确的,价格此时刚刚进入下跌初期阶段，没有任何透支下跌空间的可能，自然价格会在顶部形成后连续回落。只要下降趋势的确能够延续，向下的突破走势就必然会出现，而一旦这种走势出现，无疑就是一个极好的做空介入位。

螺纹1110合约（图2-8）2011年2~4月期间，价格经历了一波连续下跌之后形成反弹的走势，第一轮反弹调整后，价格再度上涨并且以一根中阳线向上形成了突破，由于这是低位震荡区间的第一次突破，因此，会存在较好的做多机会。不过此时的交易一定要明白，持仓周期并不会太长，因为价格大跌之后没有经过一定周期的震荡，是很难彻底扭转下降趋势的。就算要在这个区间真的形成底部，也必然还会有一番震荡，所以，价格虽然形成了突破，但未来的上涨周期并不会太长。

图 2-8

突破上涨后价格短线再度回落，随后也开始了第二轮的上涨，这一次价格依然创出了新高，此时的突破可以操作吗？从投机的角度来讲是可以操作的，因为突破形成之后价格的上涨空间足够提供一次投机性获利的机会。但从趋势交易的角度来讲，此时的突破最好多一些谨慎，这是因为在价格第二次突破的时候，突破的力度有所减弱，并没有像前一次的突破那样收出一根实体较大的阳线。再加上2011年4月期间市场中整体品种都保持着下降的趋势，所以，此时的多单并不太好做。

在价格上涨的时候，上涨的波段次数越多，形成的突破可操作性也就会越差，从本案例中就可以看到这一点：第二次形成突破时的可操作性远远差于第一次的突破。

第六招　利用星K线确定操作方向

投资者询问：

在价格波动的时候，我很不喜欢收出星K线，因为很多时候星K线一出现价格就会形成反转的走势，比如早晨之星与黄昏之星的K线形态。但有时又发现星K线出现之后又会潜藏着操作的机会，但却分不清什么样的星K线会扭转趋势，什么样的星K线藏着机会。希望老师可以讲解一下关于日K线图中星K线的运用方法。

一阳解疑：

星K线并不能单独提示操作的方向，它所表达的含义是：价格此时的多空双方达成一致。价格暂时的平稳是必将要打破的，但至于价格后期是涨是跌，要由后一根K线来决定。我们只要知道短暂的平稳并不会延续，新的方向肯定会出现就可以，后期价格向上则找机会做多，价格向下则找机会做空。

我认为星K线对日内投机有更大的帮助，因为涨跌趋势的完全扭转需要一个过程，很难由几根K线说了算。所以，星K线出现之后，很多时候第二天会给投资者带来极好的日内投机机会。

橡胶1109合约(图2-9)2011年4～5月期间，价格于下跌中途先后收出了星K线的走势，从星K线出现后第二天的K线实体来看，价格的波动幅度都是比较大的，这就给投资者带来极好的日内投机的操作机会。

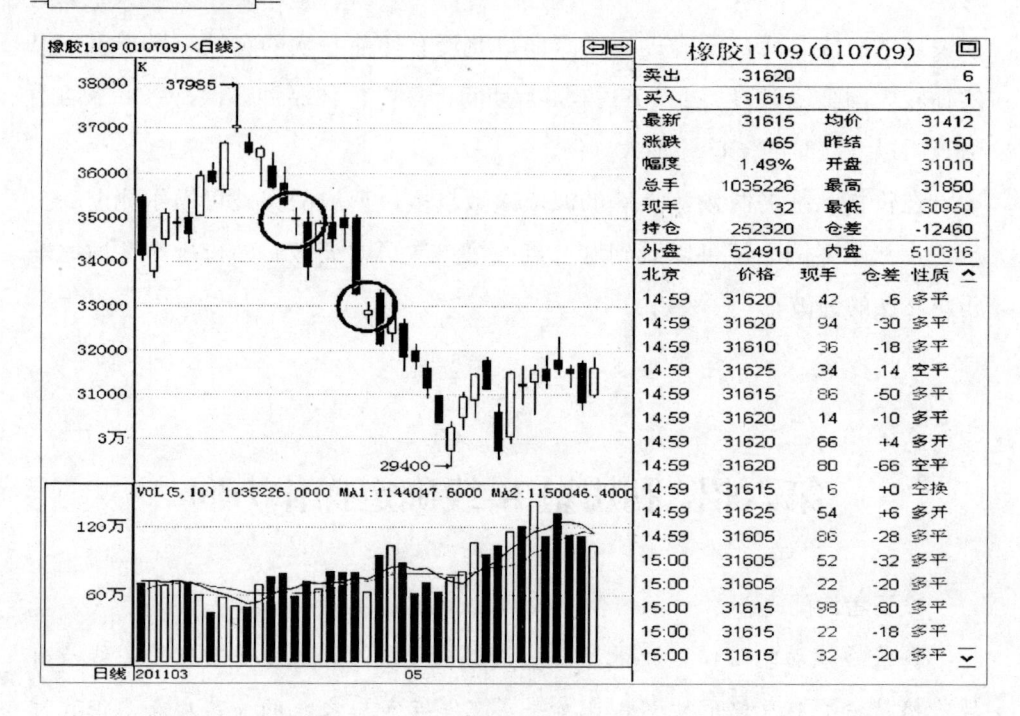

图 2-9

由于星 K 线并不能提示方向，所以，当星 K 线出现之后，需要结合第二天盘中价格的实际走势去确定操作方向。特别是当星 K 线范围被第二天的 K 线吞没的时候，更是需要积极地入场进行操作。

菜油 1201 合约(图 2-10)2011 年 5 月经过一波震荡下跌之后，价格开始了上涨的走势，在上涨中途收出了一根星 K 线，这样的 K 线形态出现，投资者就可以留意价格第二天日内操作机会的出现。此时盘中操作的方向比较容易确定，只要价格波动重心上移则入场做多，如果波动重心下移则入场投机性做空。

多空双方暂时平稳后，如果价格向上上攻，则说明多方经过昨日的喘息后开始发力，空方妥协，入场做多实现盈利的概率较大。而如果价格下跌则说明空方发力，多方妥协，价格第二天回落的概率相对较大。

根据星 K 线确定第二天的日内投机操作的思路就是：既然双方力度在这一天一致，那最终谁会占上风很快就会见分晓，价格涨则多方占上风，价格跌则空方占上风，谁的力量大就跟着谁操作，自然胜算会大一些。

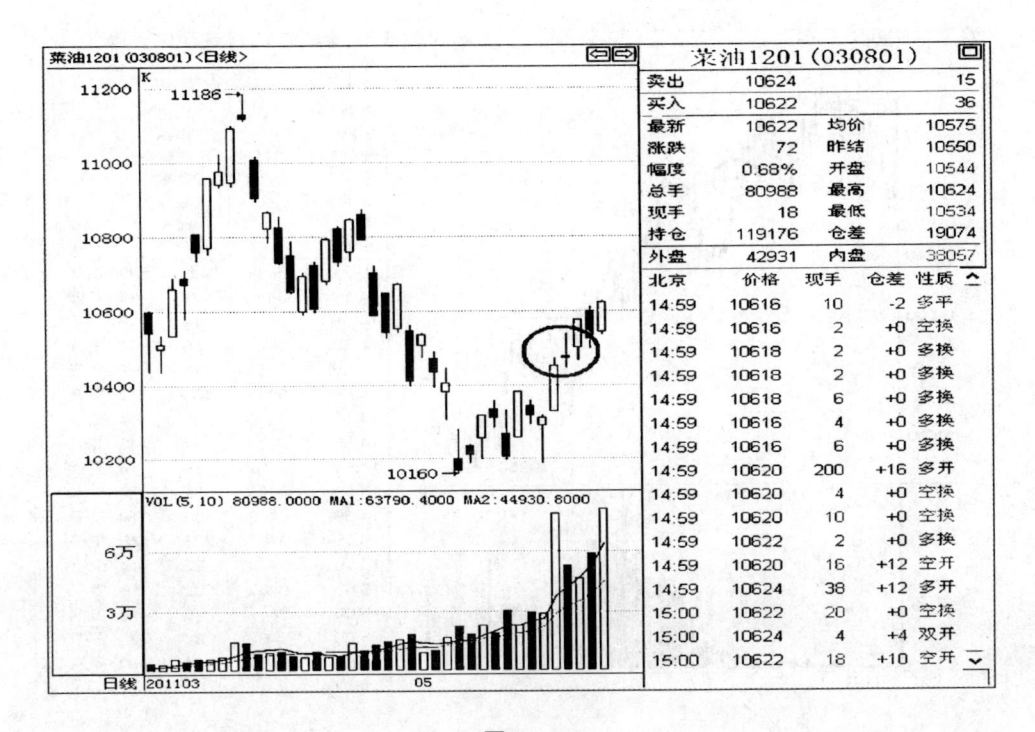

图 2-10

星 K 线除了可以指导第二天的日内投机操作以外，它对于趋势性交易的提示作用也是很大的，但并不是什么位置的星 K 线都有分析的价值，只要注意两个位置的星 K 线便可以。

第一个位置的星 K 线是在价格下跌或上升趋势刚刚形成之后的第一根星 K 线，这是最需要高度重视的。涨跌趋势刚刚形成出现的星 K 线，只是一种中继休息状态，价格后期还将会按照当前的趋势方向继续波动。所以，在上升趋势刚形成不久时出现星 K 线，此时应当坚定持有多单或是及时介入多单。而当下降趋势刚形成后不久出现星 K 线时，自然需要坚定持有空单以及择机入场做空。

PTA1109 合约(图 2-11)2011 年 3 月价格已经形成了明显的见顶迹象，并且上升趋势完全结束，价格进入下降趋势的初期阶段，这个时候小实体的星 K 线却可以起到大作用。

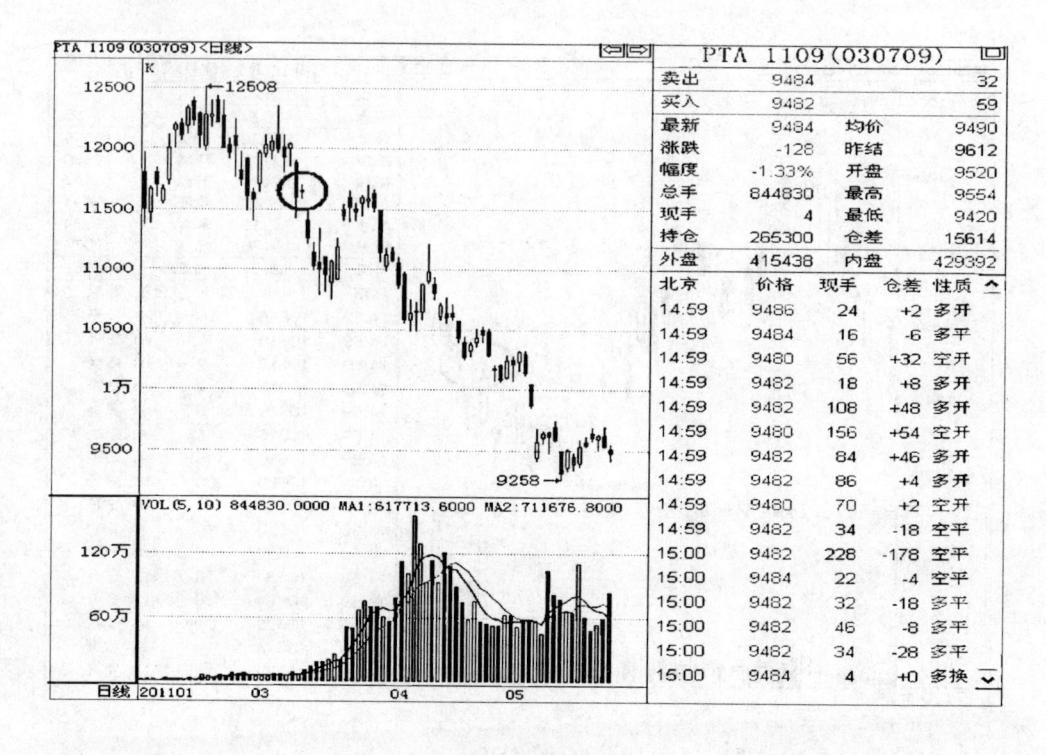

图 2-11

　　价格刚刚步入下降趋势，空方的力度还没有释放完毕，价格继续下跌的概率较大，虽然多空双方的力量暂时一致，但星 K 线却体现着多方无力向上反抗，而空方则趁机休息，下跌初期的星 K 线并不意味着空方力度的虚弱，这是空方通过暂时休息继续聚集下跌能量的体现。

　　在初期下跌阶段，只要出现星 K 线，特别是第一次出现的星 K 线，都是非常值得去入场进行做空操作的，而已开仓的则需要坚定地持仓。也只有在这个时候，这一根小实体的 K 线作用才是最大的。

　　豆油 1201 合约（图 2-12）2011 年 3 月价格经过了一波下跌之后，开始出现上涨的走势，3 月末于上升过程中收出了第一根星 K 线（图中圆圈处提示），自这一根星 K 线出现之后，价格后期再度出现了一波上涨的走势。可见，上涨中途出现的第一根星 K 线只是多方的休息，而并非多方的退让。

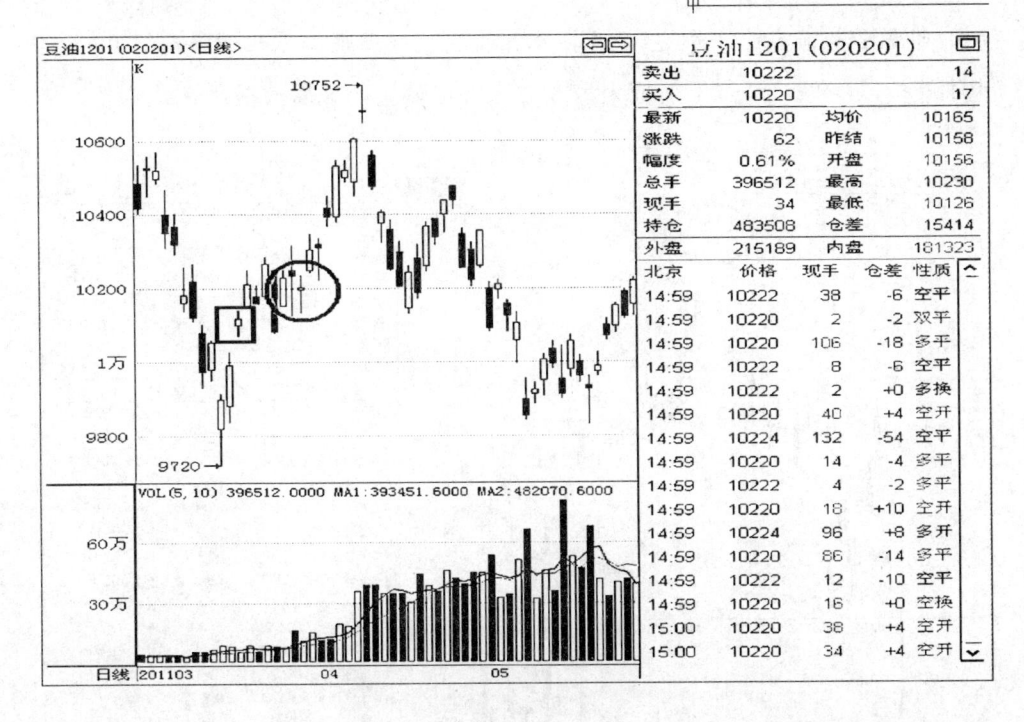

图 2-12

为何价格见底初期的星 K 线（图中方框处提示）不能使用这种思路进行分析呢？这是因为价格上涨至此上升趋势还并没有很明确。必须要在上升趋势明确的情况下，才可以根据第一次收出的星 K 线确定价格后期具有较大的延续当前趋势方向的能力。上升趋势或是下降趋势不明确的时候是不能使用这种方法的。

第二个位置就是价格连续上涨的高点或连续下跌的低点位置，在这个位置收出星 K 线则需要多加小心，因为趋势很有可能形成反转的迹象。这个位置的星 K 线有一个很明显的特点，那就是价格盘中波动的幅度较宽，星 K 线的上下影线都比较长，这与上升趋势途中或下降趋势途中小实体的星 K 线有着极为明显的差别。

豆油 1201 合约 (图 2-13) 2011 年 4 月价格经过连续上涨之后，在上涨的高位收出了一根星 K 线，从 K 线实体来看，价格在盘中震荡的幅度非常大，这说明此处多空双方在激烈地斗争。由于价格已经有了一定的涨幅，因此，需要谨慎处理手中的多单，如果高位大实体的星 K 线出现之后价格有下跌迹象，则需要平仓多单。反之，如果价格继续上行，则可以暂时持有多单，但也不能掉以轻心，以防止高位大星 K 线出现后多方的最后一搏。

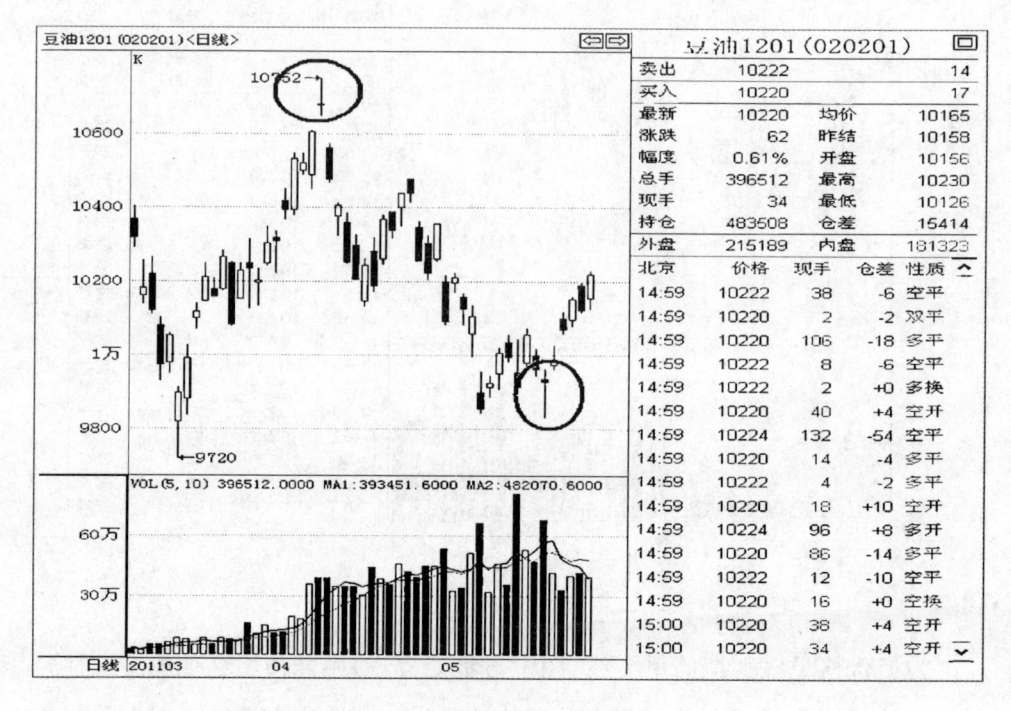

图 2-13

2011 年 5 月中旬价格经过连续震荡下跌后，于低点区间收出了一根带有较长下影线的星 K 线，价格虽然在盘中跌了不少，但遭到多方的反抗又涨回来很多，这说明多方开始有一定的能力与空方相抗衡，这个时候空单就需要谨慎持有。低位大星 K 线出现后，价格涨不起来则可以继续持有空单，但如果价格有上涨迹象，最好还是先将空单平出来为好。

始终记住星 K 线本身并不具备提示方向的作用，必须要通过后期的走势来确定方向是否形成，只有在上涨初期以及下跌初期才可以将其视为是趋势延续的信号。

第七招 第一次小阴线带来多单盈利机会

投资者询问：

在进行趋势交易的时候，我对价格低点的把握还算是比较到位，十个底能有七八个被我抄到，按说这样的操作应当可以获得很高的收益。但事实却并非如此，虽然底抄到了，上升趋势也形成了，可一碰到上升趋势中的阴线我就害怕，总担心价格又跌回来，每次平仓都在价格上涨的半山腰，真是可惜。老师有没有什么办法帮助我克服上升趋势中阴线的干扰呢？

一阳解疑：

每年都会出现那么几次很不错的上涨行情，但很少有投资者可以将低成本的持仓一直拿到高位区间，其中的原因就是受到了上涨过程中阴线的干扰，特别是实体较大的阴线更是会对多单持有者造成极大的心理压力。只有回避掉这些阴线的干扰，投资者的资金才可以快速地增值。

价格上升趋势形成之后，不同的位置，阴线的回避技巧都是不一样的，在这里首先讲解一个大家最容易学会的技巧，它可以有效地避免上涨初期时阴线的干扰。

无论涨势有多猛，上涨过程中都必然会收出阴线，这些阴线其实多数是多方的休息，蹲下才可以跳得更高嘛。在上升趋势刚形成的时候，一旦收出第一根阴线，请记住，千万不要平掉手中的多单，甚至还可以在第一根阴线出现的时候借机加仓操作。这一根阴线实体越小，价格后期继续上涨的概率也就越大。

上升趋势刚刚形成后的第一根阴线，是空方的第一次反抗，但这个时候，多方正是气血旺盛之时，在多方动力未衰竭之时，空方的反抗往往都不会起到任何效果，反而可以让多方借机喘一口气。因此，这一根阴线不仅不会对上升趋势起到破坏的作用，反而对后期的上涨会起到促进的作用。所以，应当坚定地持仓，如果没有开仓做多的，这个时候也应当做好做多准备了，如果这一根阴线又被阳线吞没，一定要坚决地入场做多。

豆一1201合约（图2-14）2011年3月价格出现了连续上涨的走势，整个上涨中途只收出了两根阴线，可见多方在这一阶段的力量还是很强大的。

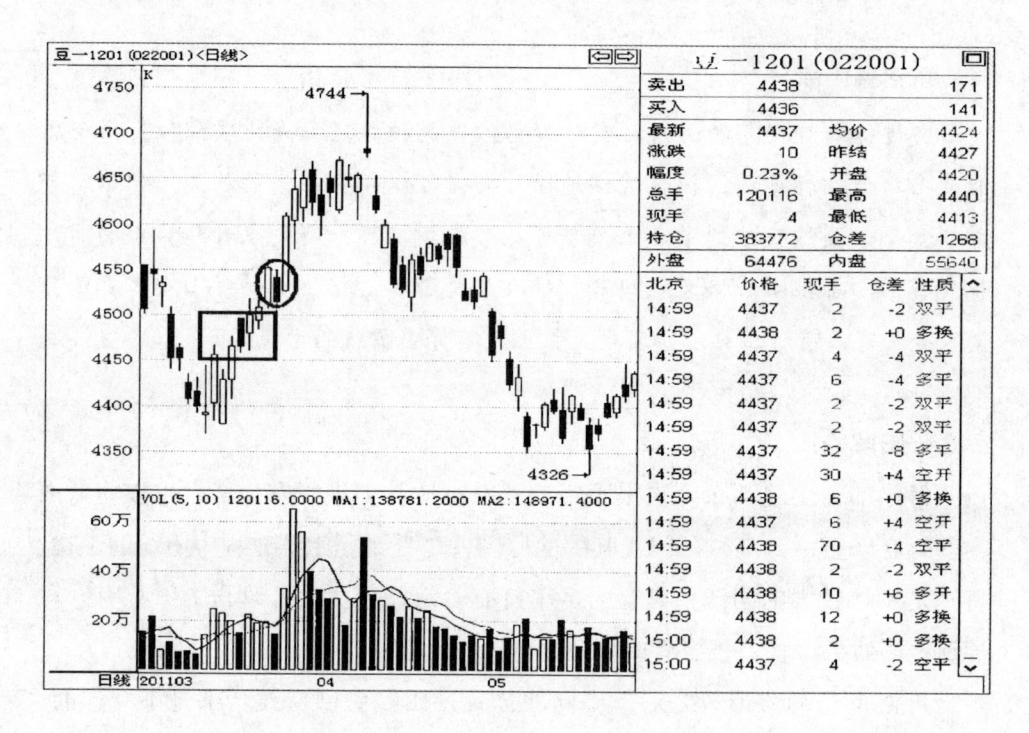

图 2-14

上涨中途的第二根阴线其性质为：上升趋势明确后的首根阴线，因为图中方框处的阴线出现时，价格的上升趋势还并不是很明确，因此，不符合技术要求。而在第二根阴线出现的时候，上升趋势已经非常明确了，所以，只可以将它称之为：上升趋势确立后的首根阴线（从波动性质区分是最主要的）。

这一根阴线出现之后，价格仅处于上涨的腰部阶段，所以，投资者不要受它的干扰，应当继续持有多单，如果还没有入场做多的，也可以借助阴线带来的低点机会入场做多。哪怕这一根阴线出现之后价格短线还有可能继续调整也不要太担心，因为它的性质可以确定为上升趋势形成后的首根阴线，价格后期继续上涨的概率就远大于下跌的概率。

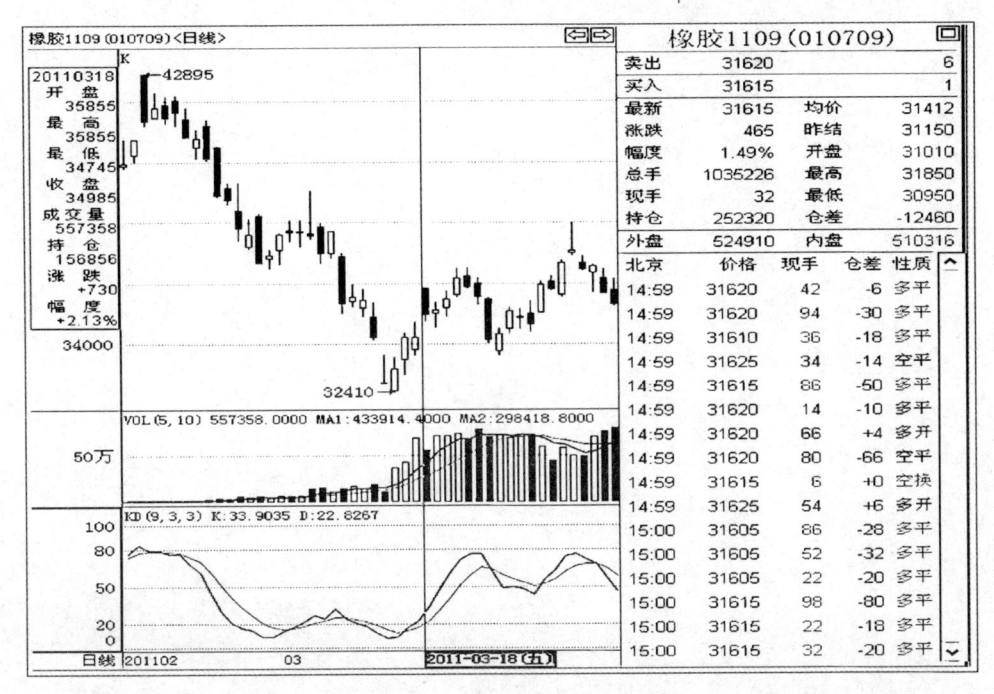

图 2-15

橡胶 1109 合约（图 2-15）2011 年 3 月价格连续下跌之后出现了反弹的走势，在反弹的中途收出了第一根阴线，这一根阴线出现后，价格又继续连涨三天，从后期走势来看，在这一根阴线出现的时候平仓多单肯定是错误的。那么，这根阴线有着什么样的技术特点呢？

虽然价格的上升趋势在第一根阴线出现时并没有多么明显，但由于价格的波动性质可以确定为超跌反弹。所以，此时不能使用趋势性的观点进行分析，只要 KD 指标数值没有到达高数值区间，那么，价格就将会有进一步上涨的可能。在反弹开始第一根阴线出现的时候，K 值为 33.9，而 D 值仅为 22.83，可见，价格依然具有一定的反弹空间。

虽然是一根阴线，但其实这一天价格依然是上涨的，从这个角度来看，这一根阴线有一些戏弄人的感觉。在价格还有上涨空间的情况下，收出这样一根上涨的首根阴线，很显然要继续进行做多的操作。

首根阴线是价格上涨过程中，投资者持仓时遇到的第一个槛，我们先把这个问题解决掉，至于上涨中途如何回避阴线干扰的方法，后期再与大家进一步交流。

第三章 指标应用技巧

第一招　日内投机使用什么指标好

投资者询问：

在进行日内投机操作的时候，使用什么样的技术指标辅助分析为好呢？那么多种指标感觉每个都有它的优点，但是软件界面中不可能放下这么多指标，也不可能同时顾及许多指标的信号，一阳老师您在操盘的时候都使用什么样的技术指标呢？

一阳解疑：

的确，每个技术指标都有着它们的优点，它们都客观地向投资者反映着市场的某种波动状态，每一个指标的关注面不同，所以，所发出的信号其含义都有着很大的区别，这就要求投资者必须要学会搭配使用。

重要的不是使用什么指标，而是这个指标你是否能够用好，它是否可以对你的操作起到帮助的作用。可能这个指标对别人有用，但你使用未必有好的效果。所以，技术指标的选择可以说是一件比较重要的事情，选得不适合自己，不仅不会减轻分析的压力，反而还会捣乱，但如果使用的指标适合自己，那完全可以起到事半功倍的作用。

下面介绍一下我在操盘过程中使用的技术指标吧，大家可以做个参考，你觉得它们适合你就使用。我同时使用三个技术指标：布林线指标、MACD指标、KD指标。三个指标中，布林线指标为主，MACD指标与KD指标为辅。它们各自起到不同的作用，从而为我决策交易点位提供技术上的依据。

1. 布林线指标

该指标可以发出数种提示信号：压力与支撑位所在、价格多空性质的确定、价格进入变盘区间以及变盘方向的提示、强势涨跌及其平仓点位提示等，关于它更为具体的应用，各位朋友可以到我的博客中再去学习一下。

从PTA1109合约（图3-1）2011年5月25日的走势来看，布林线指标的几大用途完全体现了出来。

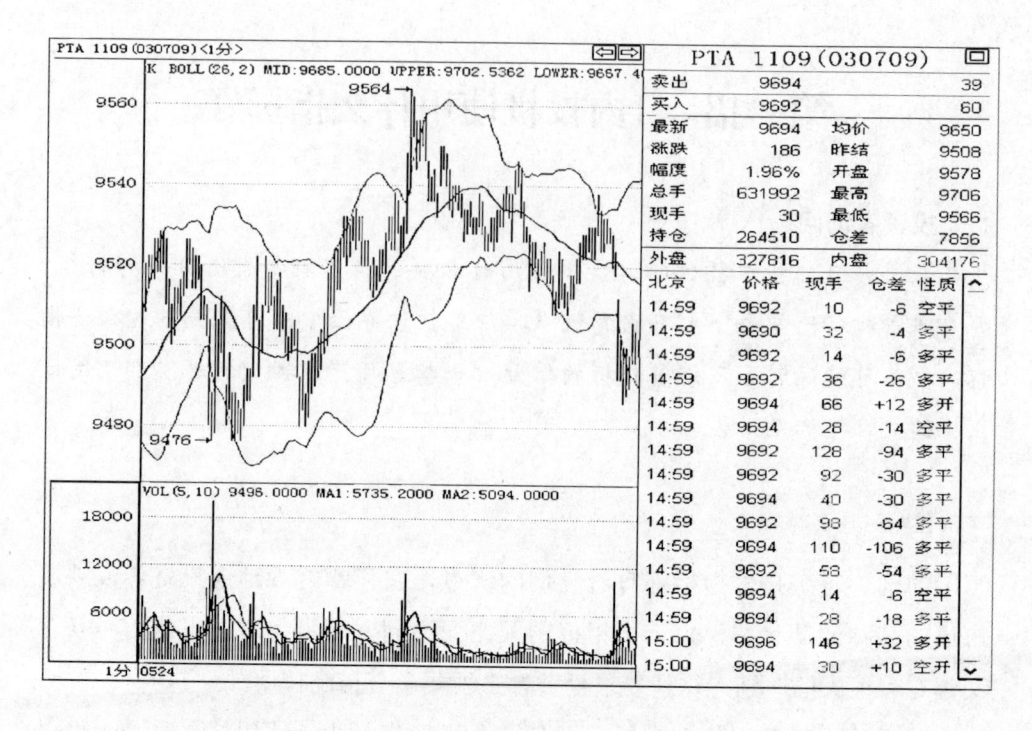

图 3-1

　　支撑与压力是布林线指标最大的作用，很多时候它都可以提前告诉投资者支撑位与压力位所在。在价格低点震荡的过程中，布林线指标下轨起到了一次支撑的作用，上涨中途布林线指标中轨起到了一次支撑的作用。在价格震荡下跌的过程中，布林线指标上轨先后两次起到了压力的作用。在价格到达支撑位之后，价格上涨的概率是比较大的，同时，当价格触及压力位的时候，下跌的概率则是比较大的。当然，在具体使用中不能单一地这样应用，还需要结合其他因素，这方面的内容都会为大家详细讲解。

　　在确定价格波动的多空性质方面，布林线指标也可以发挥作用。从图中的走势来看，在布林线指标中轨向上，并且 K 线位于布林线指标中轨上方的时候，入场做多实现盈利的概率是较大的。反之，在布林线中轨向下的时候，择机入场做空是很容易实现盈利的。根据布林线中轨的趋势方向进行操作，就不会犯大的错误，因为做到了顺势。

橡胶 1109 合约(图 3-2)2011 年 5 月 24 日价格形成了震荡上涨的走势，在上涨的中途出现了一次窄幅调整的形态。随着价格波动幅度的变窄，布林线指标上轨与下轨的距离也在不断地靠近，这使得通道变得很窄，这样的技术现象就称之为：价格进入了变盘区间。这是投资者需要密切留意的区间，因为一旦后期出现方向信号，就需要积极入场操作。

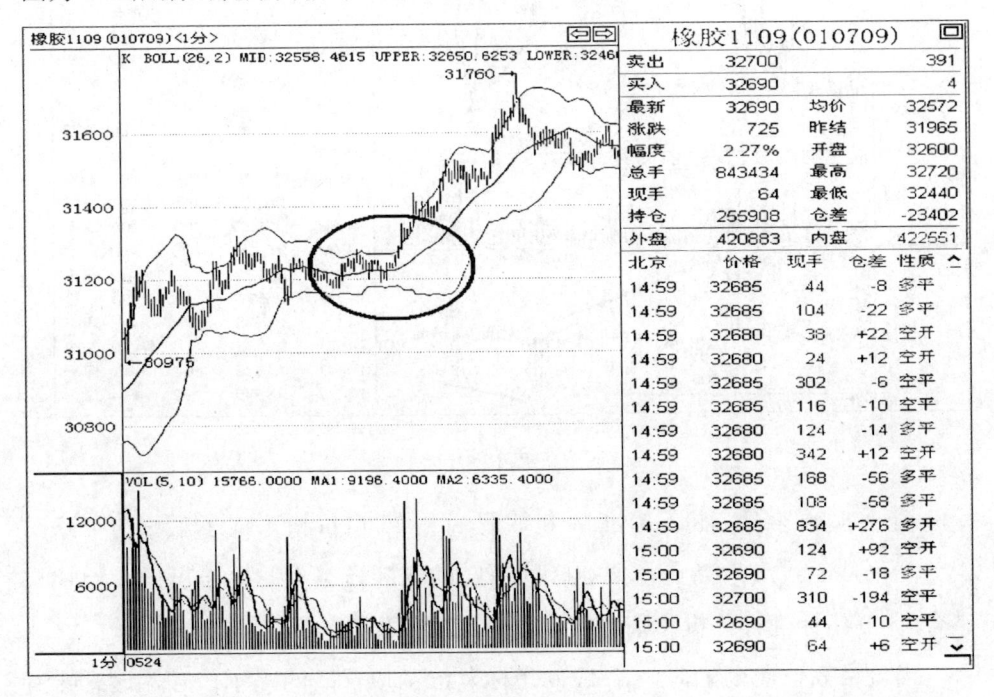

图 3-2

指标形成变盘信号后不久，价格便出现了上涨的走势，于是布林线指标再度张口，指标线由缩口变为张口这就是方向形成的信号，此时投资者就可以顺应价格的波动方向入场进行操作了。

这是一个极为重要的操作方法，不仅出现的次数较多，并且成功率极高，是每个投资者都需要掌握的一种操作技巧。这个方法同样在我的博客中多次进行过讲解。

2. MACD 指标

该指标有很多用途，但在日内投机的过程中，我只用它来帮助寻找价格的顶背离与底背离区间，参考该指标找到重要的高点与低点区域。

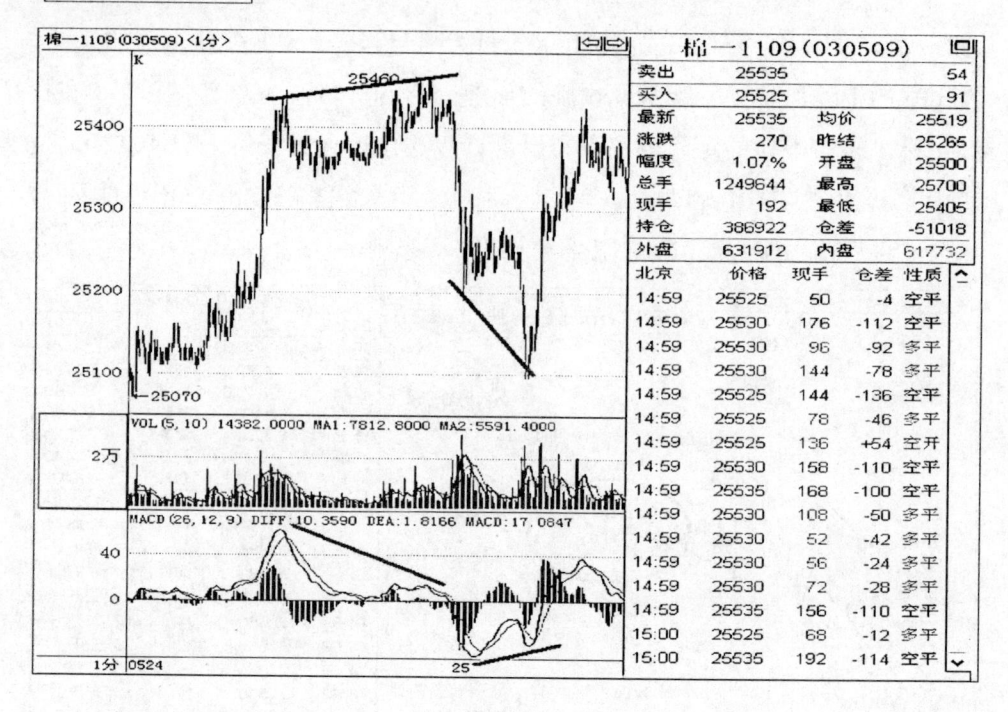

图 3-3

棉一1109合约(图3-3)2011年5月24~25日价格形成了上涨与下跌的走势，仅从K线形态高点与低点区间所在的判断还是有一些难度的，但如果结合MACD指标进行分析，则可以极大地减轻了分析的压力。

当价格高位震荡的时候，MACD指标发出了顶背离的提示信号，这意味着在这个区间应当逢高平仓多单，并可以根据整体盘面变化择机入场做空。而在价格下跌的低点则形成了底背离现象，这又说明该区间应当逢低平仓空单，并可择机入场做多。

虽然MACD指标的确有很多的优点，但我一贯的做法就是用它寻找背离区间，所以，其他的优点也只能不去顾及了。

3. KD指标

KD指标与KDJ指标是一回事，但因为KDJ指标中的J线用不到，三根线相比KD指标的二根线显得乱一些，所以，我一直使用的是KD指标。

该指标我用它来判断价格高点与低点区间的所在。当然这个高点与低点是有要求的，在价格上涨过程中寻找低点去逢低做多，在价格下跌的过程中则寻找高点逢高做空。这里的高低指的是 KD 指标的数值，简单来讲，KD 指标接近或低于 20 时，称为低数值区间，此时应当考虑做多，而当 KD 指标数值接近或超过 80 时，称为高数值区间，此时应当考虑做空。

除此之外，它还可以提示在什么情况下不宜追涨以及不宜杀跌。在三个指标中，从重要性的角度排序那就是：布林线指标、KD 指标、MACD 指标。

白糖 1109 合约（图 3-4）2011 年 5 月 25 日价格在盘中形成了下降趋势，下降趋势形成后就应当寻找高点进行做空的操作。而在下降趋势中寻找高点则是 KD 指标的优势。

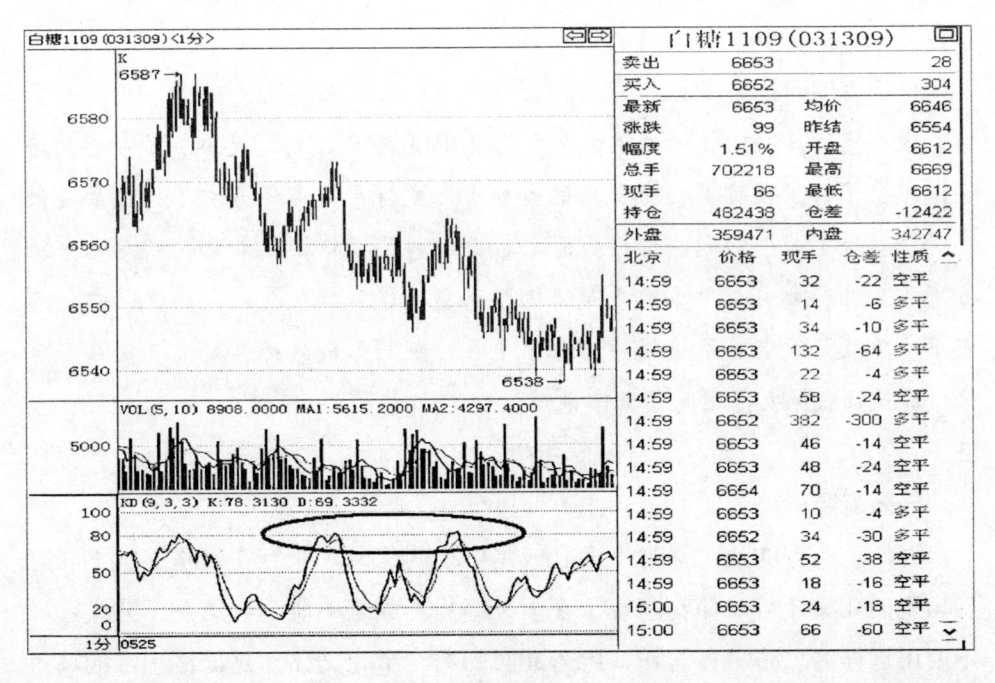

图 3-4

下跌过程中价格先后出现了两次反弹的走势，这两次反弹出现后价格均出现了破位下跌的走势，可见反弹的出现就是做空的大好时机，那该如何做空呢？一定要留意 KD 指标数值。在价格反弹上涨的末期阶段，KD 指标线均进入了高数值区间，在主要趋势为下跌的情况下，价格继续上涨的概率是很低的。因此，可以在 KD 指标进入高数值的时候入场做空，而后持仓到 KD 指标进入低数值时平仓。

KD 指标是非常适合日内投机操作的，很多朋友认为它过于灵敏伪信号较多，其实是没有用好它。只要掌握了正确的方法，它的效果是非常不错的。

以上三个指标在实盘操作时是必须要同时关注的，投资者在初期使用时，一定要一个个的用好用精，然后再将它们搭配起来同时使用，而这些具体的搭配使用方法，后面的内容中会进行详细的讲解。

第二招 MACD 假死叉识别技巧

投资者询问：

我在进行日内操作的时候很喜欢使用 MACD 指标，特别是参加了老师的培训，完全了解了顶背离与底背离的奥妙后，觉得更是离不开它了。但最近使用时新发现了一个问题：价格上涨之后出现调整，MACD 指标因为价格的下跌出现死叉，这应当是平多单或是根据整体盘面特征找机会做空的信号吧。可是平多单或是做空后价格很快又涨了上去，刚刚形成的死叉马上又变成了金叉，真是让我恼火，这是怎么回事呢？

一阳解疑：

并不是所有的死叉都是平多仓或是做空的信号，只有在价格连续上涨之后出现的死叉才可以如此理解。在上升趋势形成之中碰到的第一个死叉最好不要用这样的思路进行操作，因为此时的第一个死叉往往是价格正常的调整所导致的，上升趋势并没有完全结束，自然不会跌下来。

所以，在此请记住：在价格上升趋势形成之后出现的第一个死叉，可以适当忽视它，之后再出现的死叉才需要关注；在整体市场多头状况明显，特别是价格形成明显放量上涨走势的时候，更是需要如此；如果整体盘面多头力度较弱，出现死叉时如果手中持有多单则需要谨慎。

价格上涨之后 MACD 指标出现死叉，但随后又在很短的时间内形成金叉，这其实是一种买入信号，而并非做空的信号。

第三章 指标应用技巧

上涨之后价格难免会出现调整的走势，而调整的出现又很容易促使MACD指标形成死叉，但由于价格的波动存在明确的调整性质。所以，暂时性的回落之后价格必将继续上涨，这样一来上涨又会促使指标形成金叉。死叉形成后短时间内又形成金叉（时间越短越好），这说明价格的调整已完全结束，新一轮的上涨行情马上就要展开。这是价格上涨过程中较为常见的一种现象。

白糖1201合约(图3-5)2011年5月24日价格在上涨的中途出现了一次调整的走势，虽然并没有怎么下跌，但较长时间的不涨使得MACD指标形成了死叉的走势。看似这是平多单或是做空机会的到来，但不要忘了，这是上升趋势形成以后的首个死叉，正常情况下，价格很难马上结束上升趋势。

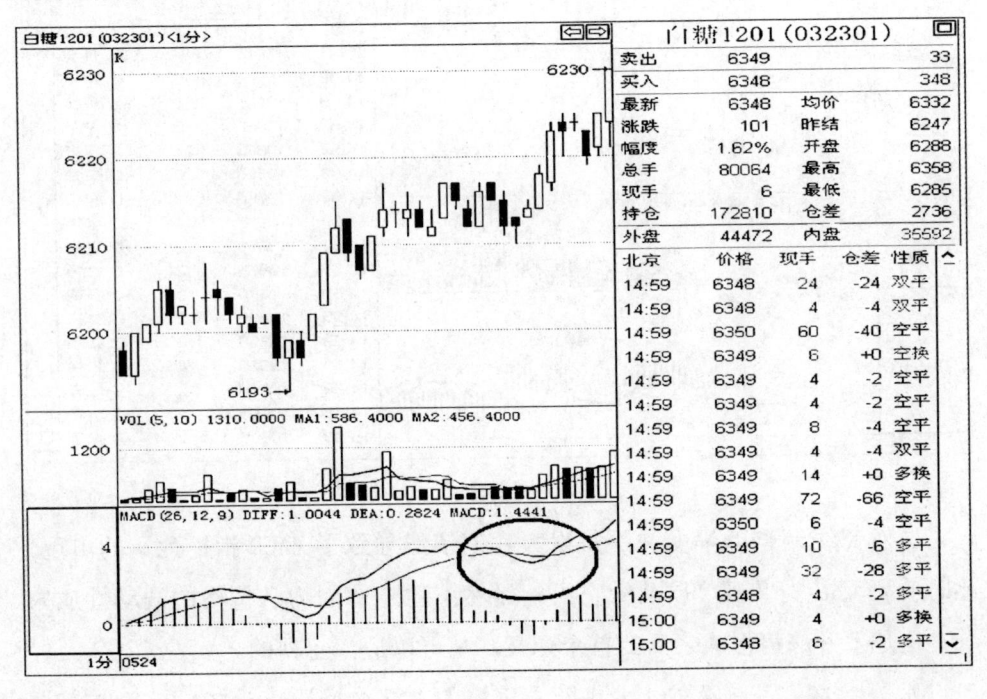

图 3-5

经过一段时间的调整之后，价格再次形成上涨的走势，这又使得MACD指标随之形成金叉。从死叉到金叉只进行了4分钟的时间，周期非常短暂，金叉的出现意味着价格的调整已经结束，因此，在金叉形成时投资者应当继续看多或是做空。

对于那些在四五分钟之内可以再恢复成金叉的死叉，投资者应当将其视为做多机会的到来，但只有在价格上涨的初期阶段形成如此走势获利的概率才会是比较大的。

菜油 1201 合约（图 3-6）2011 年 5 月 24 日价格见底之后出现了放量上涨的走势，第一轮上涨过后调整走势随之到来，从调整区间的缩量以及价格较小的回落幅度来看，后期继续上涨的概率是非常大的。

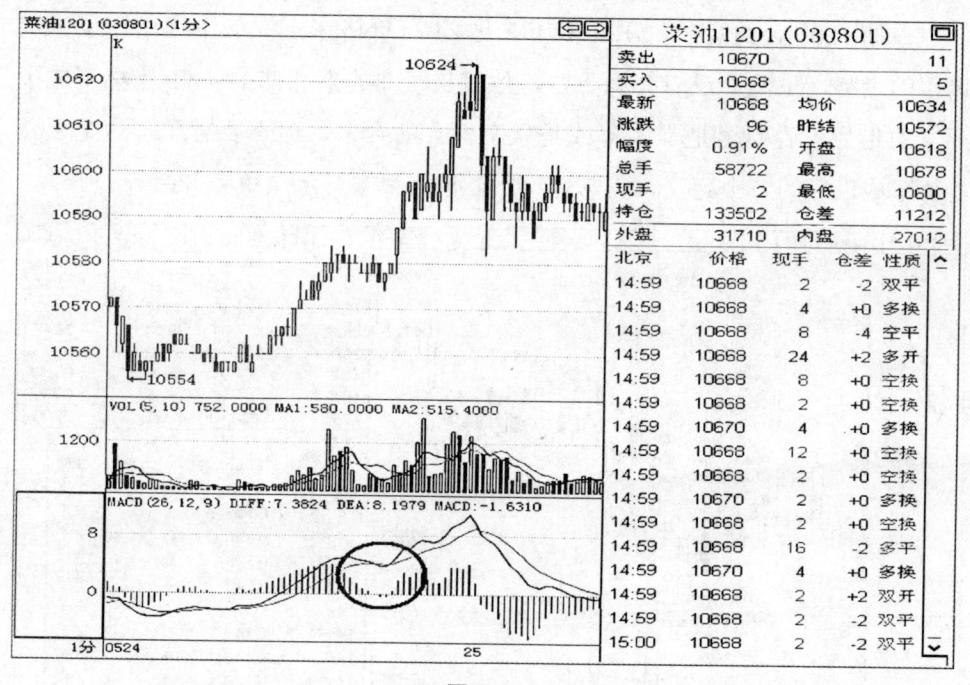

图 3-6

虽然 K 线调整的幅度并不是很大，但依然导致了 MACD 指标死叉的出现，此时的死叉需要平多单以及做空吗？显然不适合，因为从价格的波动性质来看，这是上升趋势形成之后的首个死叉，是可以适当忽视的。

死叉形成之后，没过几分钟随着价格的上涨金叉再度形成，这意味着调整的彻底结束，金叉的出现是价格再次上涨的信号，毫无疑问应当再次入场做多。

如果在价格初期上涨的首个死叉时平掉了多单或是进行了做空的操作，一定要在金叉快速形成的情况下重新入场做多，切不可在此时持有空单。

当价格连续几波上涨之后也可能会形成这样的技术形态，但是，价格上涨的波数越多，这种方法做多的有效性也就越低。

第三招　做多好机会藏在双金叉中

投资者询问：

在价格连续下跌之后，我喜欢使用 MACD 指标的低位金叉进行抄底操作，在实战操作时，有时会取得不错的收益，有时则会出现亏损，甚至是幅度较大的亏损。请问老师有提高我这种操作成功率的诀窍吗？

一阳解疑：

既然你喜欢使用这种方法，那就好好地学习一下 MACD 指标，将它的优点全部发挥出来。但每一个方法有着其优点，但也必然有着其缺点。

抄底操作往往是在价格下跌之后进行的，既然出现了下跌，这往往意味着此时整体盘面有可能是空头盘面，在空头盘面的情况下抄底做多是导致亏损出现的一个主要原因！特别是在整体盘面空头迹象非常明确的情况下抄底做多更是容易出现亏损，像你所说的出现过较大的亏损，请看一看是不是在空头力度较大的市场环境中进行了做多的操作呢？

抄底操作可谓是双刃剑，抄对了可以赚不少钱，抄错了也要付出同样的代价。使用这种方法抄底操作的时候请一定记住：以后绝对不要在空头力度较大的情况下进行，只能在整体盘面空头力度相对较小，或是多头略占上风的情况下使用。在这两种盘面状况下，价格下跌的幅度往往不会太大，就算是暂时出现亏损，也容易解套，并且亏损的幅度往往都可以承受。

通过对整体盘面多空性质的判断，是提高这个操作方法成功率的第一个技巧。

在很多时候，我们需要使用指标组合进行分析，这是为了提高分析结论的准确性，只使用一个指标，分析的结论就会相对片面。同样，在价格下跌之后，如果一出现金叉就入场做多，操作起来就会时赚时亏。因此，需要提高 MACD 指标金叉的成功率，那怎么提高呢？具体的要求为：

（1）第一个金叉出现之后，没多久 MACD 指标第二个金叉再次出现，并且先后两个金叉的低点要明显抬高。

（2）在 MACD 指标两个金叉出现的时候，二次金叉对应的价格基本在同一个区间之内，差价不宜过多。

只要满足了这两个要求，在价格下跌之后使用 MACD 指标金叉做多的盈利概率就会大大提高了。

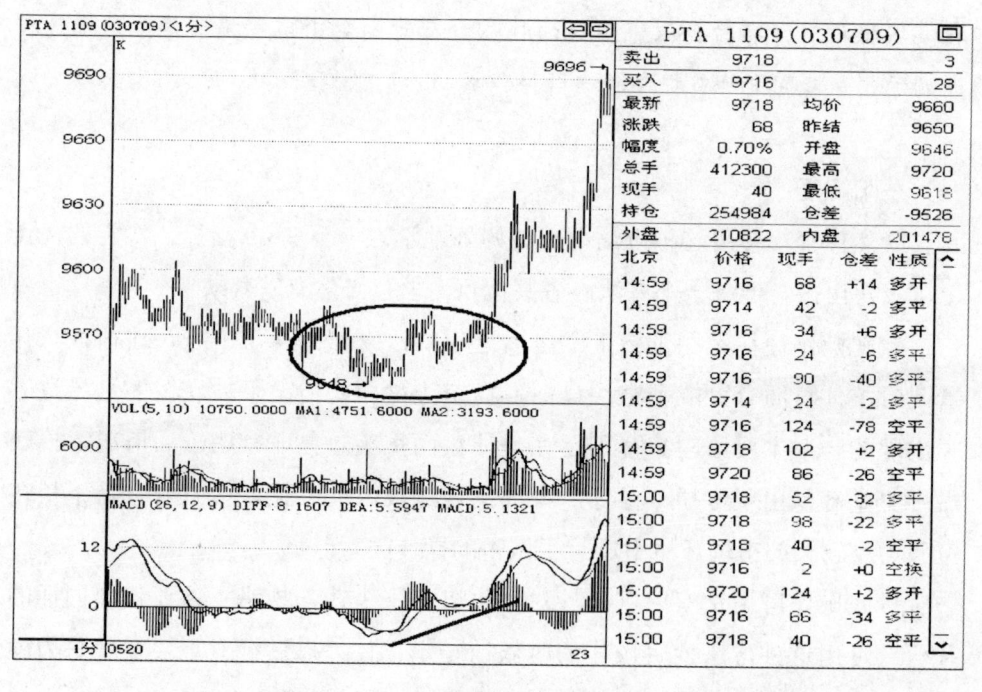

图 3-7

PTA1109 合约（图 3-7）2011 年 5 月 20 日价格震荡下跌到低点之后，形成转势上涨的走势。低位第一个金叉出现之后，价格随之形成了一小波的上涨，调整结束后的再度上涨使得 MACD 指标随之形成第二个金叉。

从这两个金叉的位置来看，低点明显抬高，并且两个金叉的时间间隔较短，两次金叉所对应的价格虽然略有空间，但基本上在同一价格范围内。第二次形成的金叉是对第一次金叉的再确认，这会增加价格后期上涨的概率，这样的技术形态要比一个金叉更值得入场进行做多的操作。

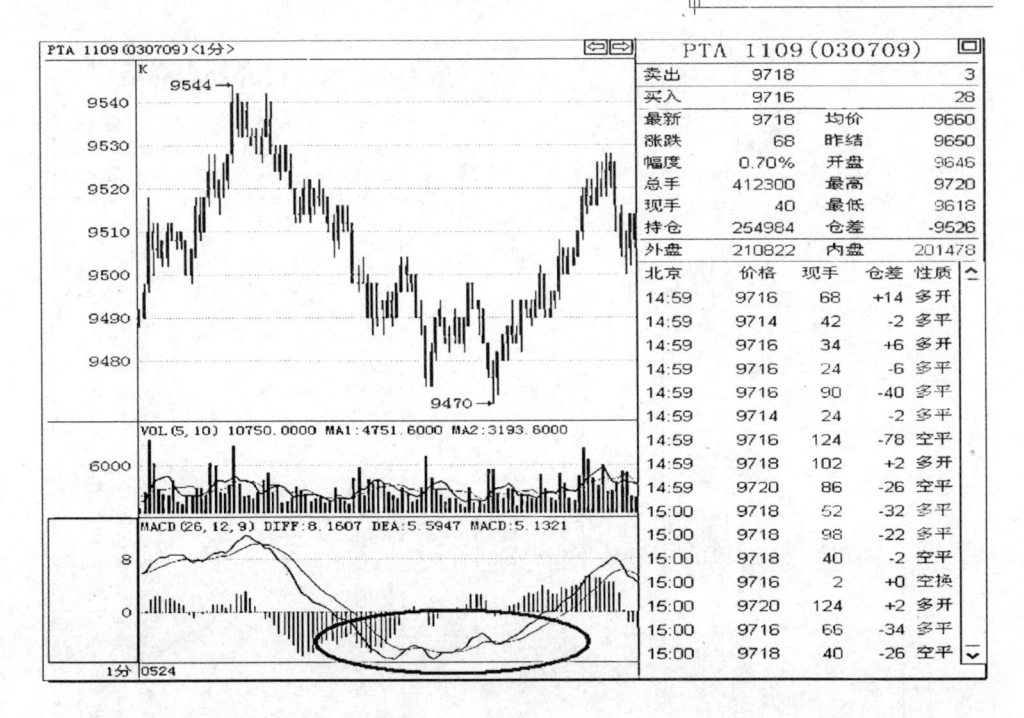

图 3-8

PTA1109 合约(图 3-8)2011 年 5 月 24 日随着价格进入到低点区间，MACD 指标随之改变了趋势方向，低位处的金叉形成明显的低点抬高迹象，并且金叉所对应的价格波动范围也基本上在同一区间，这意味着抄底机会的到来。在下跌的低点处，金叉形成的次数越多，并且低点的抬高迹象越明显，投资者就越值得入场进行操作。

在实际操作的过程中，由于这种操作手法多是在空头盘面中进行的，所以，止损操作必须要及时、坚决。虽然说低位多个金叉出现之后价格上涨的概率较大，但并不等于必然上涨，一旦价格再度创下新低，一定要注意及时止损。因为在空头较强的市场中，下跌的中途也会常见类似的指标形态，而上涨与再度下跌的区间就是破位的出现与否。

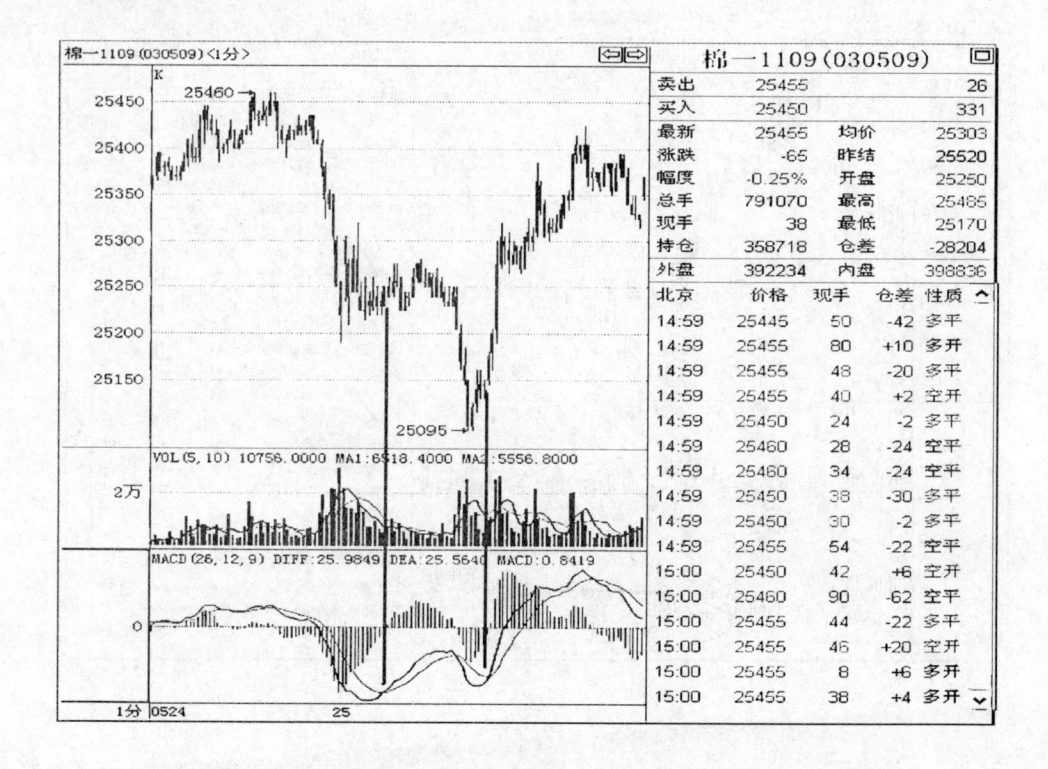

图 3-9

棉一 1109 合约(图 3-9)2011 年 5 月 25 日价格连续下跌之后，MACD 指标先后形成了两次金叉，并且金叉的低点明显抬高，此时可以使用双金叉的方法做多吗？答案是否定的，虽然满足了第一个技术条件，但第二个技术条件却并没有满足。

从两个金叉出现时对应的价格来看，两者落差较大，并没有在同一个区间内，要允许两个金叉形成时价格有一定的正常差距，但如果差距过大却是不能允许的。所以，低点双金叉做多的方法对本案例并不适合，应使用别的方法去寻找低点所在。

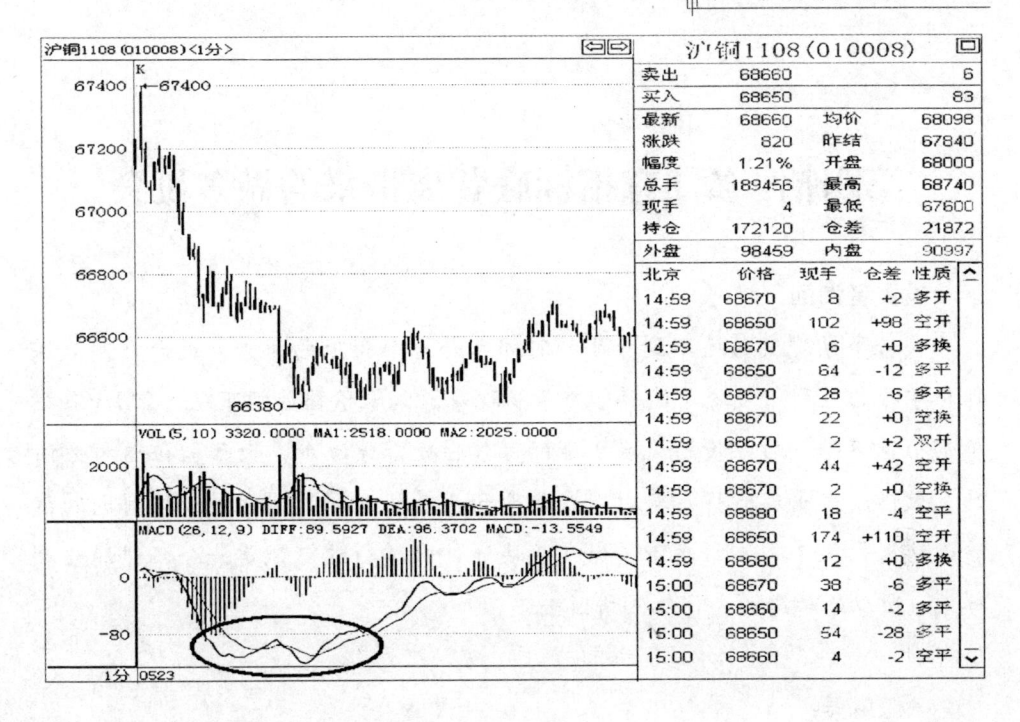

图 3-10

沪铜 1108 合约(图 3-10)2011 年 5 月 23 日价格连续下跌之后，MACD 指标低点形成了双金叉的现象，此时可以入场做多吗？依然不可以，本案例与上一个案例有相同的共性：两个金叉形成时价格的落差较大。但本案例中还有一个技术条件没有满足，各位朋友可以识别出来吗？

相信答案已在你心中，那就是：这两个金叉并没有形成低点抬高的迹象，而是金叉的位置有所降低，虽然先后出现了两次金叉，但要求的两个技术条件全部没有满足，因此，做多是不正确的。

虽然价格后期也有一定幅度的上涨，但相比满足条件的低点其涨幅简直是少得可怜。利用技术方法进行交易要求就是这样苛刻，条件不满足就绝对不能入场操作。

第四招　多注意指标底背离带来的做多机会

投资者询问：

我从事期货交易还不到一年的时间，是一个标准的新手，近来在实战操作与学习的过程中发现了这样一个市场现象：如果价格连续下跌，但MACD指标却拒绝下跌，后期价格见底上涨的可能性是非常大的。为了验证这种方法的有效性，当出现这样走势时，我就开仓1手进行操作，经过一段时间的试验，结果仅仅1手却帮我赚了好几千块钱，我觉得这可能是一个不错的盈利模式，所以想请老师再详细的讲解一下。

一阳解疑：

你说的这个现象是MACD指标的底背离，虽然这是一个指标应用入门的方法，但任何人都不能轻视它，正如你的操作结果一样，它的盈利概率是很高的。我在实战操作时也使用MACD指标，并且非常关注它的底背离与顶背离现象是否出现。希望通过我们的交流以及你自己的总结，争取把这个方法用好用精！

底背离的基本技术特征就是：价格依然在下跌，但MACD指标却先行形成上升的趋势。一下一上，两者的方向出现矛盾，因为后期价格往往会转势上涨，所以，将这样的走势称之为底背离。

在使用MACD指标底背离形态进行做多的时候，一定不要在空头迹象非常明确的时候动手，空头力量越大，底背离也就越容易形成伪信号。或是就算价格形成上涨，涨幅也将会是比较小的，而且还很容易受盘面空头的影响继续大幅下跌。

在日K线形成明确上升趋势，但价格暂时形成调整走势的时候，如果盘中价格下跌的过程中形成底背离现象，那是完全可以积极进行操作的。

底背离以及顶背离是一种常见现象，但并不一定每天都出现，所以，如果特别喜欢对这种走势进行操作,一定要有耐心去等待机会的到来。

　　PTA1109 合约(图 3-11)2011 年 4 月 26 日价格在盘中经过一波放量下跌以及无量反弹之后,又再度出现了一波破位下跌的走势。如果仅从 K 线形态来看,很难判断出这一波的下跌使得价格具备了底部的特征,但是,如果结合 MACD 指标进行分析,结果就大不同了。

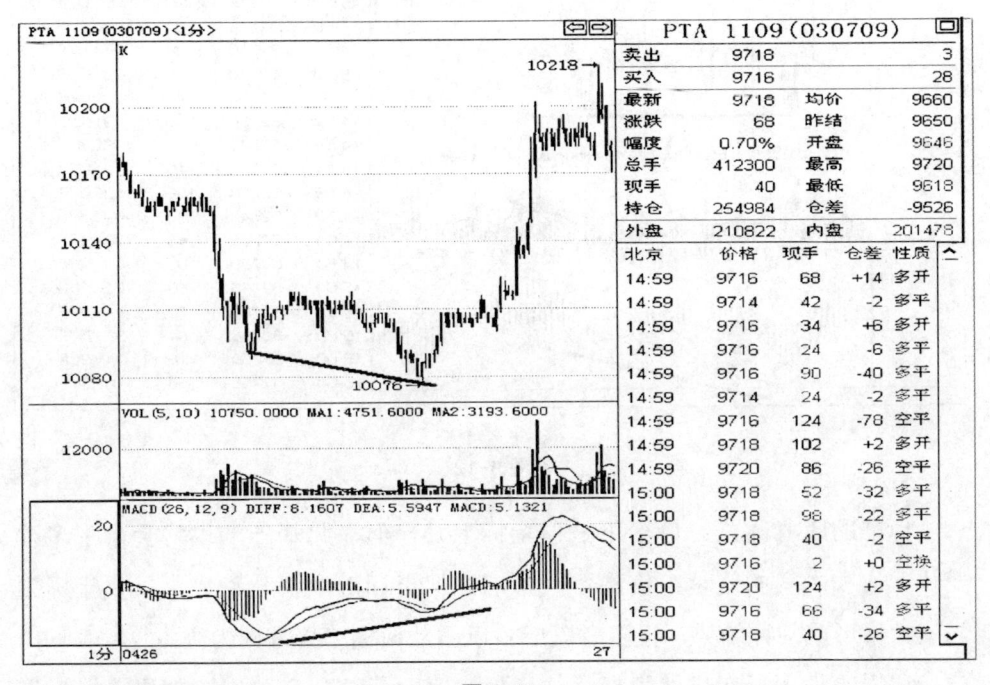

图 3-11

　　在价格破位创新低的时候,MACD 指标却率先形成了上升的趋势,指标的趋势方向与价格的趋势方向明确相反,这就是底背离的标准技术形态。在指标底背离的指引下,价格破位之后不久便出现了一轮较大幅度的上涨行情。

　　在 MACD 指标形成底背离现象的时候,也需要对成交量的状态进行一下分析,如果价格破位创新低时的量能明显萎缩,将意味着此时资金做空的意愿开始降低,这对于底背离形成之后价格的上涨将会有促进的作用。

　　橡胶 1109 合约(图 3-12)2011 年 5 月 20 日价格杀跌之后,形成了低位震荡的走势,从 K 线形态来看,三个低点基本在同一水平,价格此时的波动方向不明。价格虽然没有明显的趋势方向,但 MACD 指标却在此时形成了上升的趋势,这样的技术形态同样也是底背离。

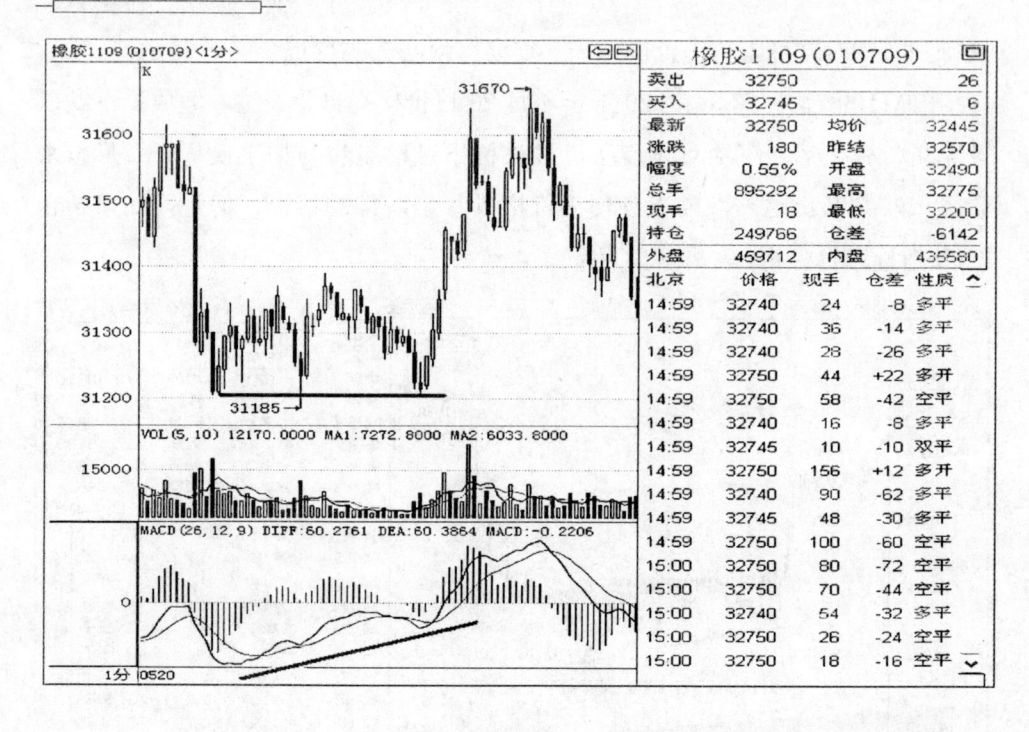

图 3-12

标准的底背离是：价格下跌但指标上升，但在此基础上也将会产生多种变化。比如本案例就是：价格不跌不涨，但指标形成上升趋势。只要指标领先于价格形成某种趋势，投资者就应当以服从指标趋势方向为主。

这样的技术形态虽然很好辨认，但也需要记住一个要点：如果价格后期形成破位创新低的走势，则意味着底背离形态失败，因此，需要在破位创新低的时候放弃做多的操作。

棉一 1201 合约（图 3-13）2011 年 5 月 27 日在价格连续震荡下跌的过程中，MACD 指标形成了底背离的现象，不过本案例的底背离相比之前的案例形态较为复杂，这是一种变形的底背离现象。

虽然形态复杂一些，但重要的技术特征没有任何改变：价格下跌，而指标率先形成上升趋势，只要这样的技术条件满足，就可以运用相同的思路进行操作。在价格第二轮以及第三轮下跌的过程中，MACD 指标金叉的低点并没有抬高，并且上升趋势也并不明显，这也是底背离形态吗？依然是一种底背离形态，只不过多头迹象并不太明显而已，多头力量强的底背离，价格下跌

图 3-13

而指标上升,而多头力度弱一些的则是价格下跌,但指标并不破位,但也不明显上行。

MACD 指标的底背离也有多种形态上的变化,投资者需要注意识别,但无论怎么变化,价格下跌指标不跌这是底线。同时,在进行分析的时候,如果碰到指标形成底背离,价格下跌低点形成异常巨量出现时,更是需要积极关注上涨的到来,因为低点异常巨量本身就意味着价格将有较大可能由跌转涨。

第五招 KD 高数值后继续上涨的矛盾化解

投资者询问:

有一天在老师的语音课堂中听了一节课:期货六不做操作口诀,这节课老师为我们讲解了几种不适合操作的情况。其中有一个内容是说:在 KD 高数值的时候不要再去激进地进行追涨操作,我记住了这个方法,并且这个方法的确给我带来了不少帮助,我现在很少会再追到价格上涨的高点位置了。

但是,随之而来一个新的问题,我发现有时 KD 指标进入高数值区间之后,价格依然强劲的上涨,这样的矛盾又该如何化解呢?

一阳解疑:

许多朋友在进行操作的时候,都有一些误区,为了减少大家出错的次数,我编写了:期货六不做口诀,从而提示各位朋友在这六种情况下尽量不要去操作。但是,并不意味着不能去做,而是要量力而行。

其中讲解的在 KD 指标进入高数值区间时尽量不要再去激进地追涨,是一种帮助大家避免追在价格上涨高点的方法。从统计的数据来看,价格形成高点的时候,KD 指标必然在高数值区间,你不在这个区间追涨也就等于免去了高点被套的困境,相信你也体会到这个小技巧的重要性。但价格形成高点 KD 指标必见高数值,并不意味着 KD 指标进入高数值,价格就一定是高点,两者不能画等号,但也绝对不相互矛盾。

我们首先要了解什么市场以及什么量价形态下 KD 高数值区间不要再激进追涨。我认为,在空头市场以及弱多市场中,KD 高数值不宜再做多,因为这样的市场环境价格就算上涨也不会涨多高。而在强多市场中,则不是这样了,强多市场中资金们纷纷在进行着积极地做多操作,价格一涨再涨,任何指标的提示都很难促使价格回落,在这个时候,KD 高数值不应再追涨就需要有所变化了。

请记住:在强多市场中,或在价格形成连续放量上涨的时候,如果 KD 指标数值高了依然可以做多。这两个条件只要满足其中的一个,都不能僵死地按照期货六不做口诀操作。

L1109 合约(图 3-14)2011 年 5 月 26 日价格的强势特征并不明显,对于这种没有形成强势上涨迹象的品种,一旦 KD 指标进入高数值区间(接近或超过80)都不宜再进行追涨的操作。

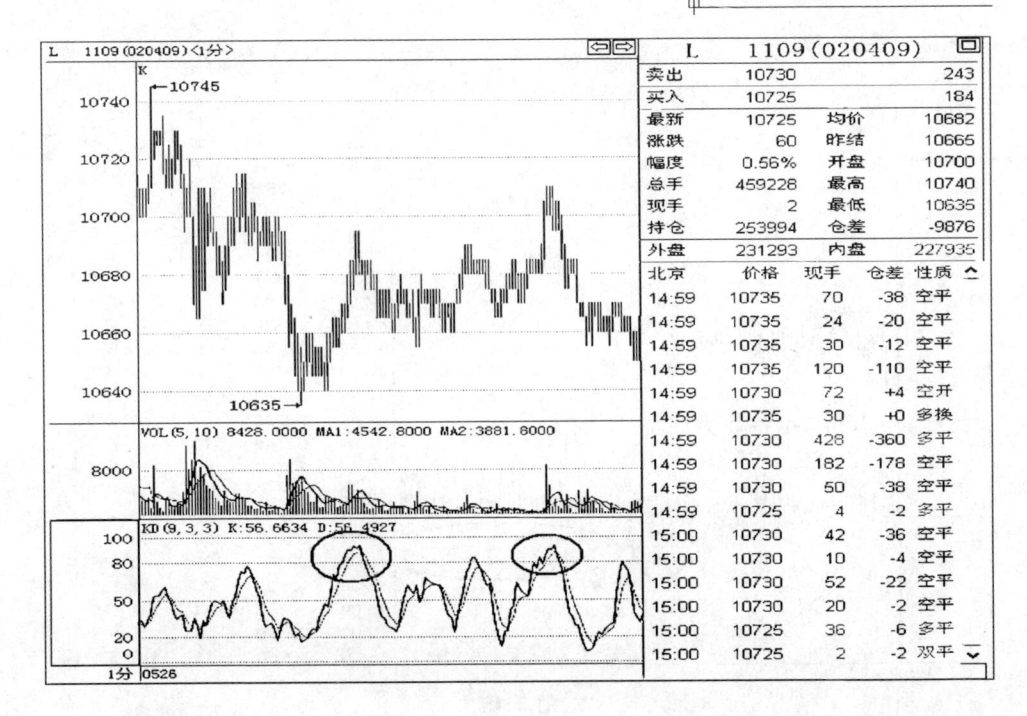

图 3-14

　　从图中两处 KD 指标高数值的情况来看，如果在该区间进行了操作，投资者将很难获得盈利，在随后的下跌中只好无奈地进行止损操作。

　　多头力度不强，价格的涨幅自然会比较小。所以，一旦 KD 指标形成高数值，价格就很容易见顶回落，不管这个顶是暂时的顶部，还是大级别顶部，都会造成多单的被动。期货六不做中，在 KD 高数值区间不宜再进行激进地追涨操作，指的就是这类的走势。

　　橡胶 1109 合约 (图 3-15) 2011 年 5 月 24 日价格在盘中形成了连续上涨的走势，这一时期价格的强势特征非常明显。同时，在上涨过程中成交量连续形成放大的迹象，很显然在这一区间是必须要进行做多操作的。

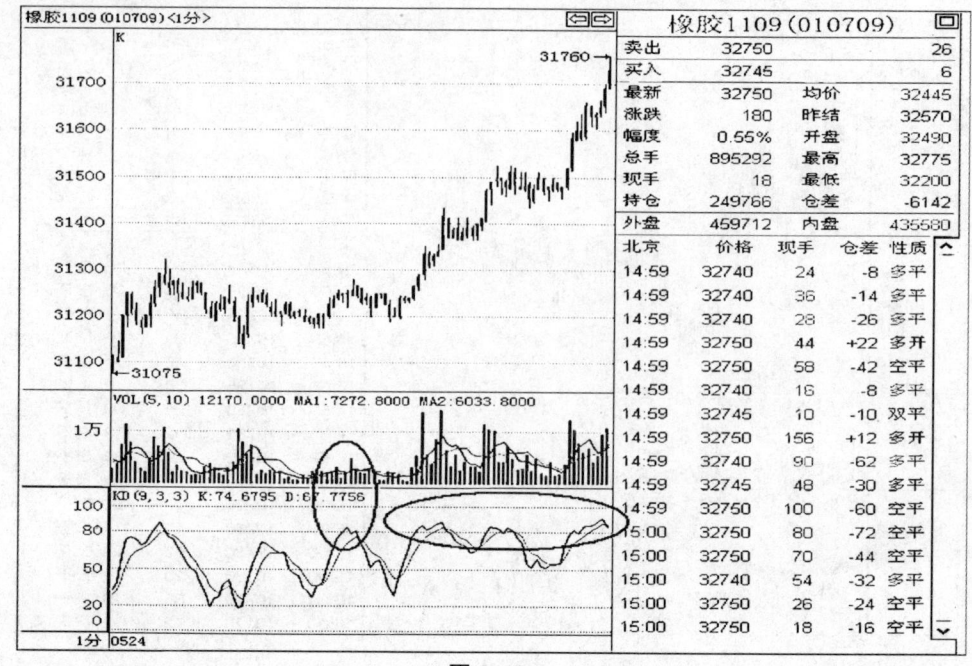

图 3-15

在价格进入放量上涨区间之前，一次无量的上涨带动了 KD 指标接近高数值区间，这是一个危险的信号，在价格没有形成强势与放量之前，第一个圆圈处是不宜进行追涨操作的。

在价格第一轮上涨的中途，KD 指标就已进入高数值区间了，如果不对量能进行分析，这个区间始终不做多的话，只能眼巴巴看着一轮行情的结束。成交量的放大说明资金做多的积极性非常高涨，资金决定价格的变化，价格的变化决定指标的形态，所以，资金的动向远比指标的形态要重要得多！因此，在价格形成放量上涨的时候，KD 指标数值是高是低就无所谓了，一定要跟着量走（如果放量上涨形成时，KD 指标数值并不高，这将是最为理想的操作机会）。

白糖 1201 合约（图 3-16）2011 年 5 月 27 日在价格上涨的中途，KD 指标便已进入高数值区间，僵死地按照：KD 指标进入高数值不去做多，在此时是绝对错误的。有了成交量放大的配合，有了资金积极地参与，指标只能跟在价格后边走。所以，此时的操作就是顺应资金动向坚定做多思路，只要量能不萎缩，价格就必然具备继续上涨的动力。

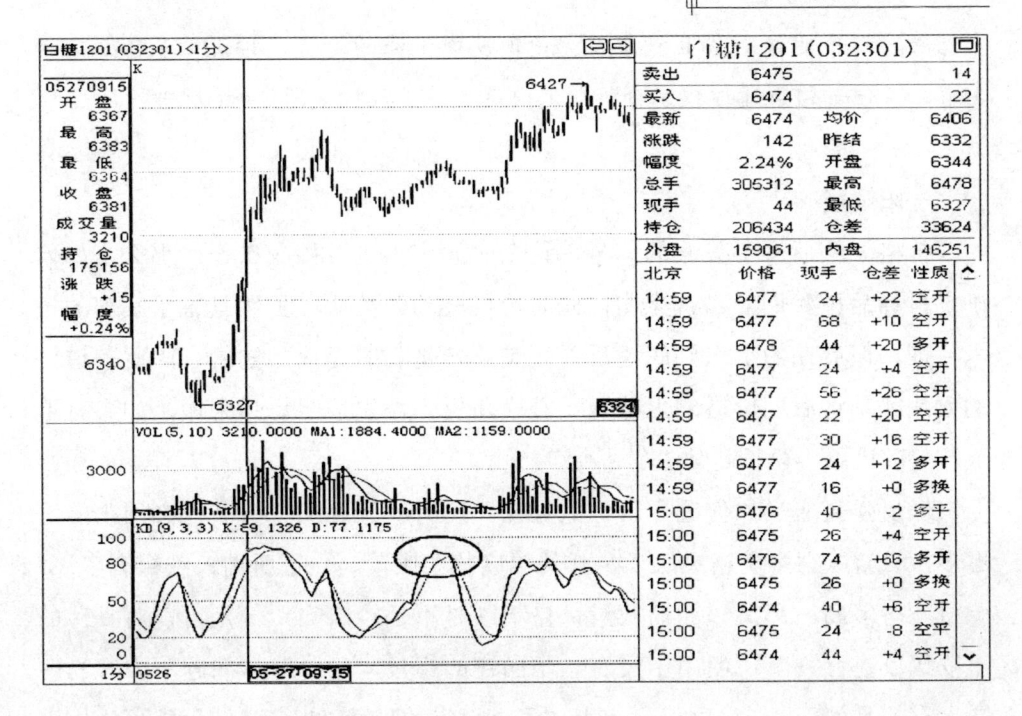

图 3-16

一轮放量上涨过后价格略经调整再度上行，但这一次上涨的时候成交量没有明显放大，这说明资金在此时做多的积极性并不高。因此，在 KD 指标进入高数值的时候不宜再进行追涨操作。

化解 KD 指标进入高数值但价格还在继续上涨矛盾的方法并不难，关注整体盘面的多头力度状态，以及成交量的变化形态就可以。资金决定价格变化，价格决定指标形态。所以，当 KD 指标进入高数值的时候，如果量能在持续放大，则应当继续做多，但如果没什么资金愿意玩，那就不要在此时再去追涨了。

第六招 抄底时比一比 KD 数值

投资者询问：

我现在有一个疑问，假设价格下跌之后盘中已经有了较为明显的底部技

91

术信号，这个时候，各品种都将会出现反弹上涨的走势，按说做多什么品种都可以，但如何再通过技术分析确定出最适合进行抄底的目标品种呢？

一阳解疑：

价格下跌后有了见底的信号，这个时候应当进行抄底操作，那么，如何确定目标品种我们应当首先明白此时价格波动的性质：虽然具备了底部的技术特征，但后期的上涨到底是反弹还是反转是不能提前预知的。因此，最好的方法就是将后期价格的上涨统一看成是反弹，先按照反弹来做，如果有形成转势的迹象，再按趋势去做。

做反弹又应当如何确定目标品种呢？此时我们要求目标品种必须跌的足够多，只有跌得多价格见底后反弹的幅度才会比较高，正所谓：跌得有多深，弹得就有多高。那又该如何衡量价格下跌是不是较深呢？一是可以对具体的下跌幅度进行判断，但由于没有一个固定的标尺，所以这个问题不太容易解决，有的品种下跌3%可能反弹上涨了，而有的品种下跌1%就可能反弹上涨了，所以，这是用具体下跌幅度确定目标品种时的一个不足。二是利用技术指标统一去衡量价格下跌是否较深，这个方法就比较适合了，对所有品种拿一样的标准去判断，大家一视同仁。

刚才谈到反弹需要价格有足够的下跌空间，换言之就是要求价格当前所处的位置比较低，位置越低价格弹的也就会越高，而衡量价格位置高低的指标就要使用 KD 指标了。

这样一来，在价格具有底部技术特征的时候，确定目标品种的方法有就了。在价格形成底部的时候，我们去看一下哪个品种在这一区间 KD 指标数值最低，谁的 KD 指标数值最低，就把谁视为是后期操作的目标对象。

当然，这种方法是一种确定目标品种的技巧，它不能与后期价格的涨幅挂钩，有可能 KD 指标数值最低的品种反弹的最猛，也有可能它的表现平平。后面如何涨，这是不能提前得知的，而可以提前知道的就是这个品种 KD 指标数值最低。所以，从操作反弹的角度来看，自然要选择价格位置低的，而不能选择价格位置高的。

棉一1201合约(图3-17)2011年5月25日价格连续下跌之后出现了幅度较大的反弹，假设在低点区间通过其他的技术判断出底部已经到来，这个时候该如何确定是去操作棉一1201合约呢，还是该去操作棉一1109合约？解开这个谜底只需要对比一下它们的KD指标数值便可以。

图3-17

在价格下跌到低点区间的时候，棉一1201合约KD指标最低的数值为：K值12，D值23，从绝对值的角度来讲，KD指标此时已进入低数值区间，在其他技术方法可以确定出底部特征的时候，这样的KD指标数值是完全可以操作。但是，对比一下KD数值则可以帮助投资者确定出最为合适的目标对象。

棉一1109合约(图3-18)2011年5月25日价格下跌到低点之后，其KD指标数值为：K值8，D值15，同样进入低数值区间。与棉一1201合约的KD指标数值进行对比便可以发现，棉一1109合约的KD指标数值更低，这说明从指标的角度来讲，棉一1109合约价格的位置更低。

做反弹就是要寻找位置最低的品种，以期价格下跌过度后出现正常的技术性反弹。所以，谁的KD位置低就应当将谁确定为最理想的目标品种。

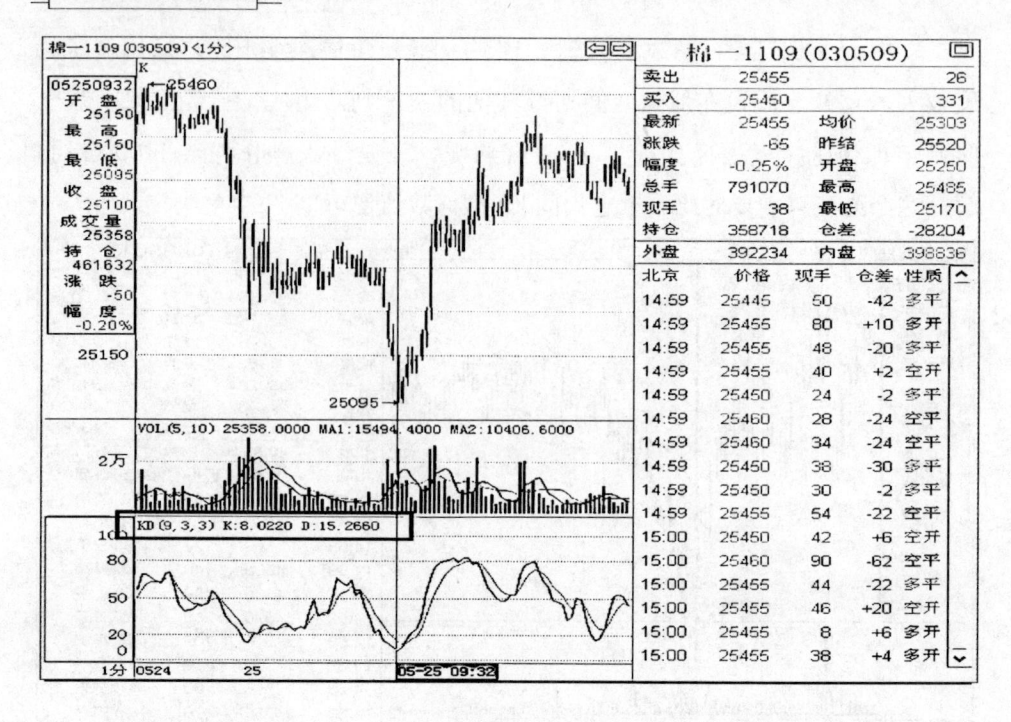

图 3-18

豆油 1201 合约(图 3-19)2011 年 5 月 27 日尾盘期间价格经过一轮下跌之后出现了连续反弹的走势，依然假设前提：通过用其他的方法判断出了价格的底部所在，接下来的工作就是要再进一步确定目标品种是谁。

从豆油 1201 合约的 KD 指标来看，在价格下跌到最低点的时候，K 值为 11，D 值为 16，只要有其他的技术可以确定价格的确见底，这样低的指标数值是完全可以入场进行抄底操作的。

棕榈 1201 合约(图 3-20)2011 年 5 月 27 日价格下跌到低点的时候，KD 指标数值分别为：K 值 9，D 值 13，这样的指标数值要比豆油 1201 合约低不少，从 KD 指标的角度来讲，棕榈 1201 合约的位置更低。因此，进行反弹操作它是最合适的目标对象。

对比 KD 指标数值确定目标品种是有前提的，那就是一定要再通过别的技术明确底部已形成，脱离这个前提，就不能使用这种方法选择目标品种。

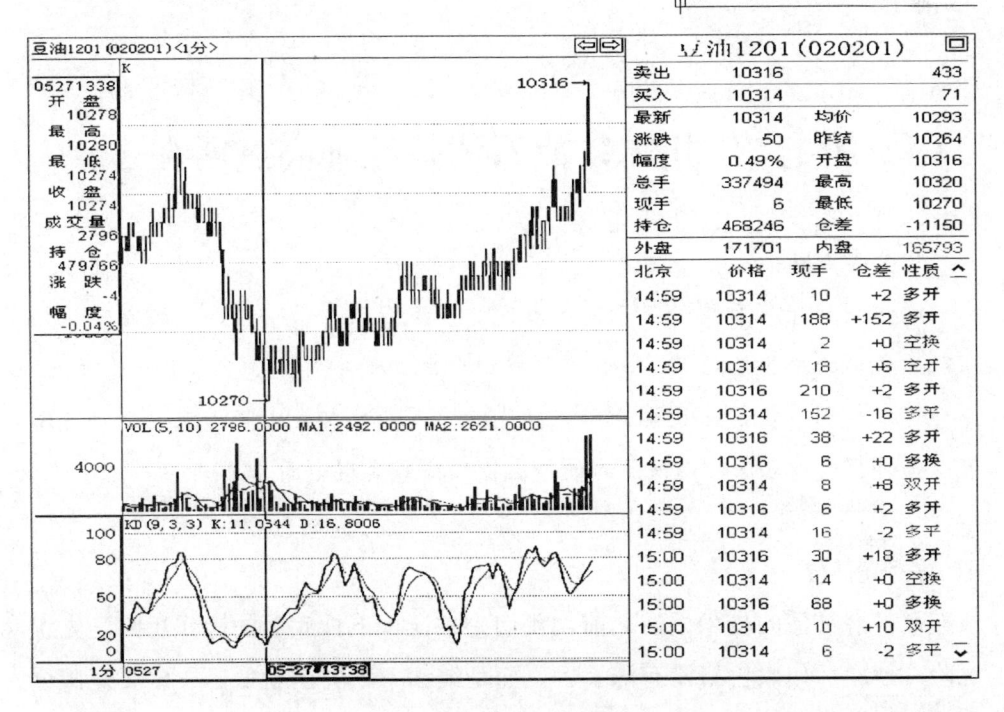

图 3-19

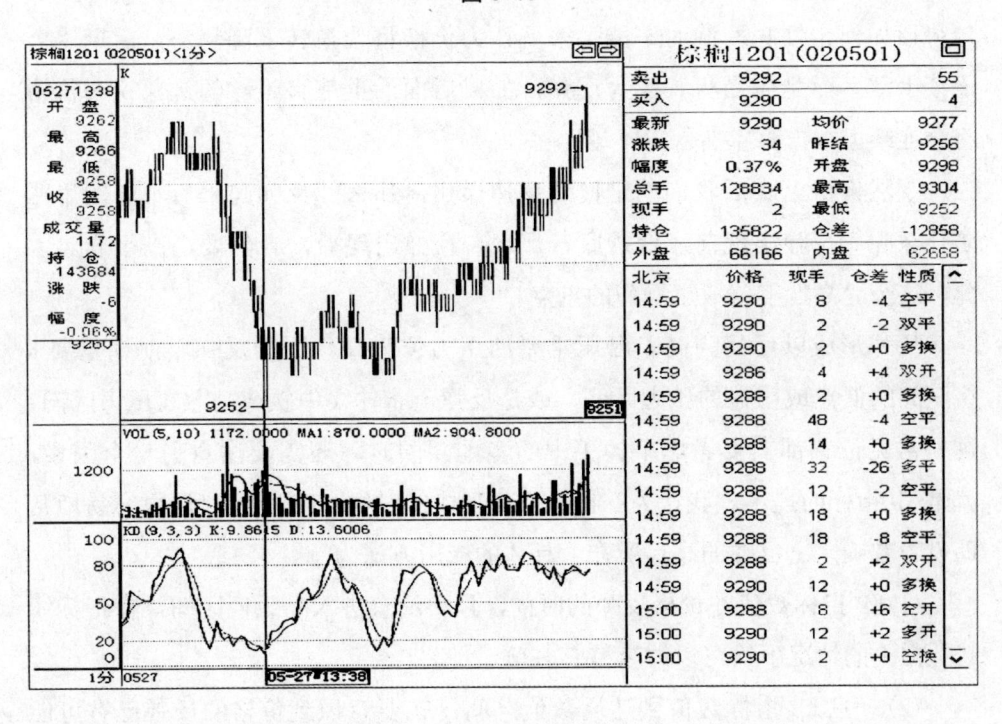

图 3-20

第七招　用KD值看清楚反弹高点所在

投资者询问：

通过参加老师每周一三五晚8点的公开课以及内部培训，我现在对价格下跌后底部的把握已经有了一定的了解，但配套的操作方法中却有一个不足，底部可以找到，但价格反弹开始之后能够弹多高我却分析不出来。老师可不可以告诉我一种方法，以便使我的抄底操作模式变得全面。

一阳解疑：

在讲解具体的技术方法之前，我们先来谈一下抄底后的操作思路。先说风险，抄底后如果价格没有涨上去，而是继续下跌并创新低，一定要在破位时进行止损，这是一条不可变更的纪律。价格见底后出现上涨，对于上涨的走势该如何定性呢？绝对不能上来就认为价格将会扭转下降趋势，后期将会连续上涨，而是应当将其视为反弹，如果后面的上涨有足够的迹象说明价格将会连续上行，再重新入场不迟。

既然价格见底后我们的定性为反弹操作，那么，反弹起来后平仓的思路是什么呢？反弹出现前逢低抄底，那么，反弹出现后，自然要逢高平仓。因此，这个"高"字就成了操作的重点。

反弹形成以后何为高？触压重要的压力位为高。比如反弹至前期重要K线区间的低点或明显的压力区间，或是反弹至布林线中轨或是上轨压力区间，这些常见位置都需要考虑平掉手中的多单。同时，还需要注意另一个因素，就是KD指标的提示。我认为在价格反弹形成的时候，KD指标可以很容易地帮助投资者确定出反弹的高点所在。具体的应用方法为：

（1）KD指标数值在价格反弹的时候，只要没有进入高数值区间，在指标线趋势向上的情况下均可以继续持有多单。

（2）一旦KD指标数值到达高数值区间，就要意识到价格的反弹已有可能接近末期，此时需要考虑逢高平仓多单。

(3)一旦KD指标数值在高数值区间形成死叉，必须要平掉手中的多单。

在实际应用时需要注意：KD指标数值的高低与价格的实际涨幅没有任何关系，有可能价格涨了很多，KD指标数值才进入高数值区间，但也有可能价格反弹幅度不大，指标就已进入高数值区间。所以，这种方法虽然可以提示反弹的高点所在，但遗憾的是它无法提示具体的涨幅，在这方面布林线指标则可以进行补充。

橡胶1109合约(图3-21)2011年5月27日价格下跌后开始出现反弹的走势，在反弹的过程中，价格的上涨力度比较强，将整个下跌波段完全吞没。这样的走势使得高点的判断就显得困难一些，不过不必担心，什么样的走势都有解决它的办法。

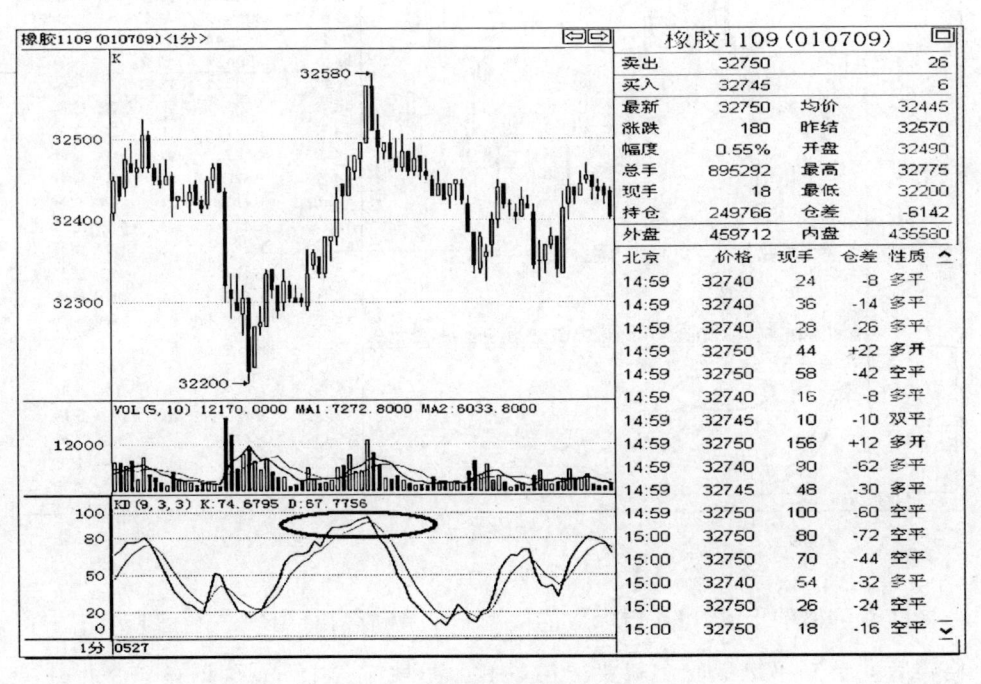

图 3-21

在价格反弹上涨的过程中，一定要密切留意KD指标的变化。在价格上涨KD指标数值没有进入高数值区间时，可以安心地持仓，而一旦KD指标数值接近或到达高数值区间后，一定要多加小心，因为这往往意味着价格已开始进入上涨的末期阶段。

橡胶 1109 合约价格上涨的时候，KD 指标已超过了 80，这该如何具体分析呢？接近或接入 80 以上是警戒信号，但并不一定都是操作的信号。在 KD 指标线依然保持多头排列状态的时候，可以继续持仓，而一旦在高数值区间见到指标死叉就必须要及时平掉手中的多单。

白糖 1201 合约（图 3-22）2011 年 5 月 20 日价格下跌到低点后开始反弹，反弹开始的信号之一就是 KD 指标进入了低数值区间。由此可见，指标进入低数值区间择机做多，那么，一旦指标进入高数值区间就应当将刚才的多单平掉了。

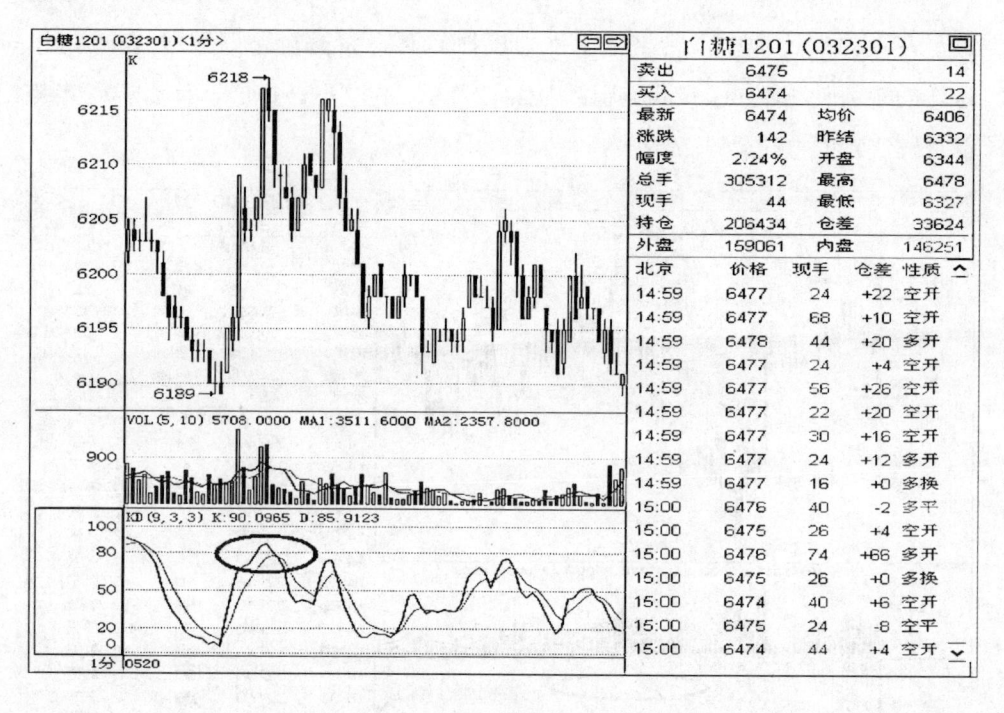

图 3-22

随着价格的上涨，KD 指标数值接近 80，警戒信号出现，一旦 K 线图中价格再有向下回落迹象时，就要平仓多单。在具体运用时，有时两条指标线均会超过 80 值，但有时只有 K 线会接近会或超过 80 值，我们以 K 线数值为主。

正常情况下，在空方力度大的盘面中，K 值接近或超过 80 值时，价格就很容易见到高点回落。如果空方力量不是太大，KD 指标数值则有可能会再高一些，如果两条线均超过了 80 值，就要将死叉的出现与否视为平仓信号。

棕榈1201合约(图3-23)2011年5月23日在下跌的中途出现了一次反弹的走势，虽然价格反弹的幅度非常小，但依然带动KD指标接近了80值的警戒区间。从反弹时的量能来看，价格上涨的时候量能连续萎缩，这说明资金做多的积极性很低。因此，只要KD指标到达高位，抄底的多单就必须要离场。

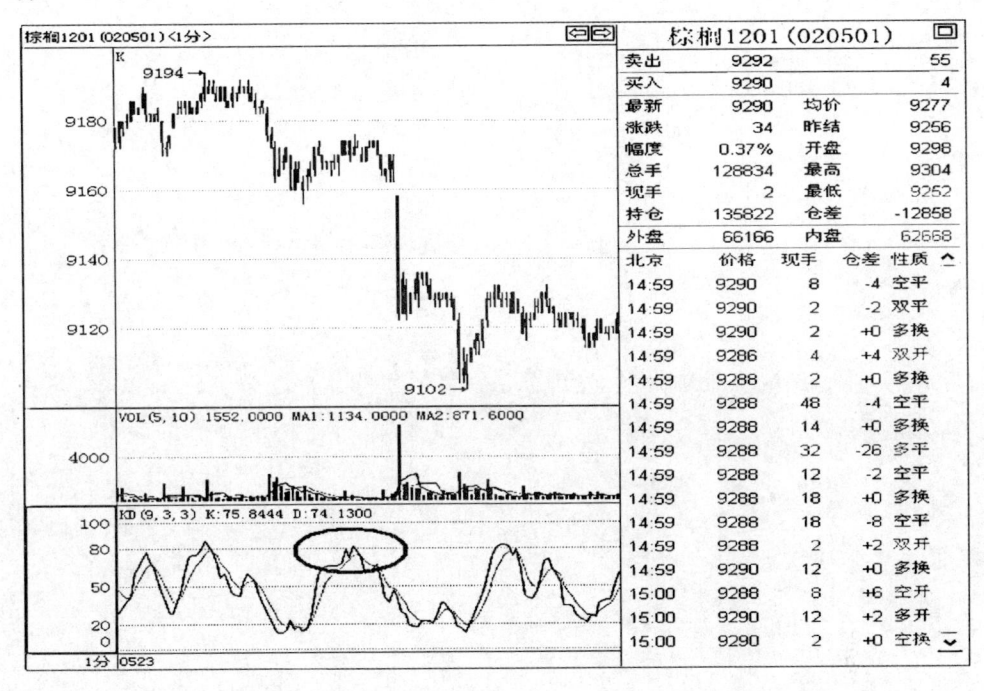

图 3-23

从本案例来看，KD指标数值的高低与价格反弹的幅度没有任何关系，只能通过用指标的数值去衡量价格的高低。反弹后只要指标位置较高，上涨结束的可能性就比较大，但指标的位置高并不一定等于价格的位置高，这并不矛盾，要正确理解这种现象。虽然这个方法并不能提示价格上涨的幅度到底有多少，但通过借助KD指标的帮忙，绝大多数的情况下，价格反弹的高点都可以判断出来，这已经足够了。

第四章 止盈及持仓技巧

第一招　将之前的调整低点视为多单止盈位

投资者询问：

我喜欢在盘中进行日内的趋势性交易，在操作的时候，介入点位的把握，以及止损纪律的执行都比较合格，只是在实现盈利的时候，止盈位总是把握不好，要么止盈晚了，利润回吐了不少，要么止盈早了，价格又涨了不少。老师可不可以告诉我日内的趋势交易如何设置止盈为好？

一阳解疑：

止盈止损其实是一个充满变化的事情，我始终觉得它没有一个固定的方法，因为投资者的仓位状况不同，介入成本不同，盈利目标以及风险承受能力不同，所以，很难用一个固定的方法把这些因素全都考虑进去。因此，在制定止盈止损计划的时候，除了技术方法以外，投资者一定要将自身的因素考虑进去，适合别人的止盈止损幅度并不一定适合于你。

既然你进行的是日内趋势性交易，那么，更多情况下就需要服从价格盘中的大趋势，在趋势没有改变的情况下继续持仓，而当趋势有破坏迹象的时候则需要止盈出局。顺着这个思路我告诉你一个我常使用的止盈技巧：将之前的调整低点视为多单止盈位。

价格上涨之后难免会出现调整的走势，从正常的角度来看，调整出现后，价格将会再度上涨，如果是真实的上涨，将会突破新高。但如果多方无力，价格将很难形成突破，并且最终会向下破位，这里的破位指的是之前的调整低点。从理论的角度来讲，之前的调整低点具有支撑的作用，而一旦支撑失守，就会对上升趋势产生破坏的作用。因此，就需要在跌破之前调整低点的时候考虑止盈操作，以避免价格有可能继续下跌造成利润的回吐。

白糖1201合约（图4-1）2011年5月27日价格在盘中出现了一波上涨的行情，假设投资者的持仓成本足够应对上涨后第一轮调整的风险，我们来看一下应当如何设置止盈位。

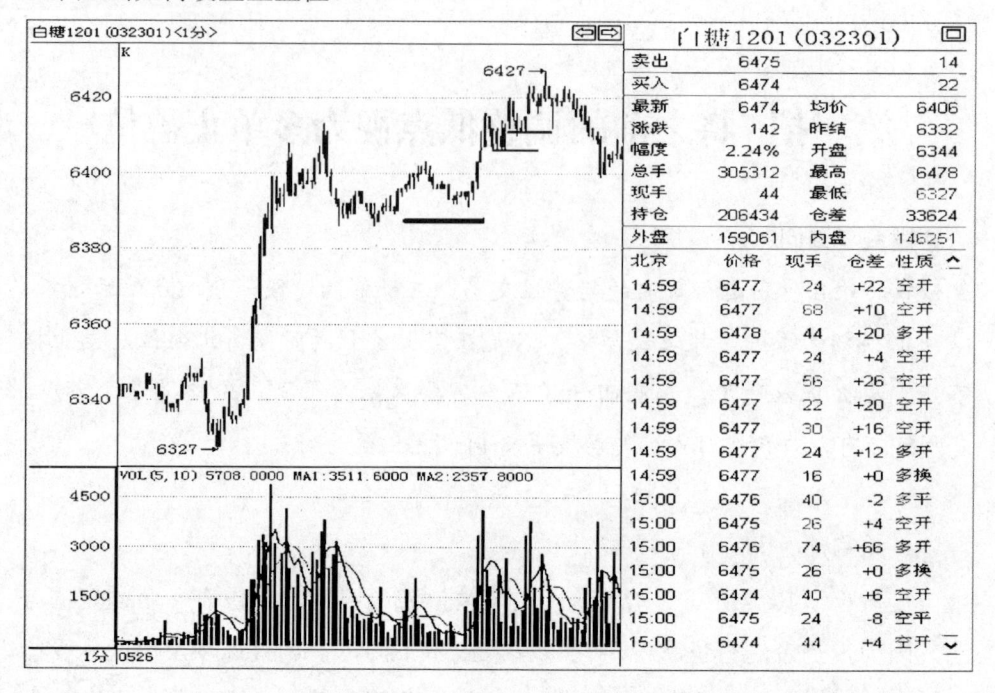

图 4-1

价格上涨之后必然会形成调整的走势，调整过后走势有两种常见的可能。一种是多方聚集力量后重新再度上涨，这样一来调整的低点将不会在后期有破位的迹象，此时可以继续持有多单。另一种是调整后价格小幅上涨，而后形成破位的走势，一旦下跌开始，最直接的信号就是之前调整的低点将会被跌破。

从图中的走势来看，第一轮调整形成低点后，价格出现了上涨的走势，但小幅上涨后再度出现调整，不过此时的调整不必担心，因为没有跌破之前调整的低点（粗线处），因此，可以继续持有多单。由于价格有了一次新的调整，所以，第二次的调整低点将调整为新的止盈位，而不宜再使用之前的止盈位。为什么说止盈止损很灵活，就是因为要随着价格的变化而不断进行调整。

在价格创出新高之后，先后两次出现了小幅调整的走势，调整的出现可以继续使用这种思路来设定止盈位，只要之前的调整低点没有跌破就持有多单，一旦跌破就止盈出局。之前低点被跌破将会使得上升趋势有结束的迹象，这对于日内趋势单来说就产生了风险。

沪锌 1108 合约(图 4-2)2011 年 5 月 25 日出现了一波上涨的行情，随后价格震荡回落，虽然回落的幅度并不算太深，但如果止盈没有设定好，利润肯定也要交还回去不少。止盈并不是为了把握价格上涨的高点，而是在价格有明显走弱迹象的时候锁定已到手的盈利。它与寻找高点平仓的技巧不同，它以牺牲当前的高点换来未来价格有可能的继续上涨，所以，在进行止盈设定的时候，必须要留出价格一定的波动空间。

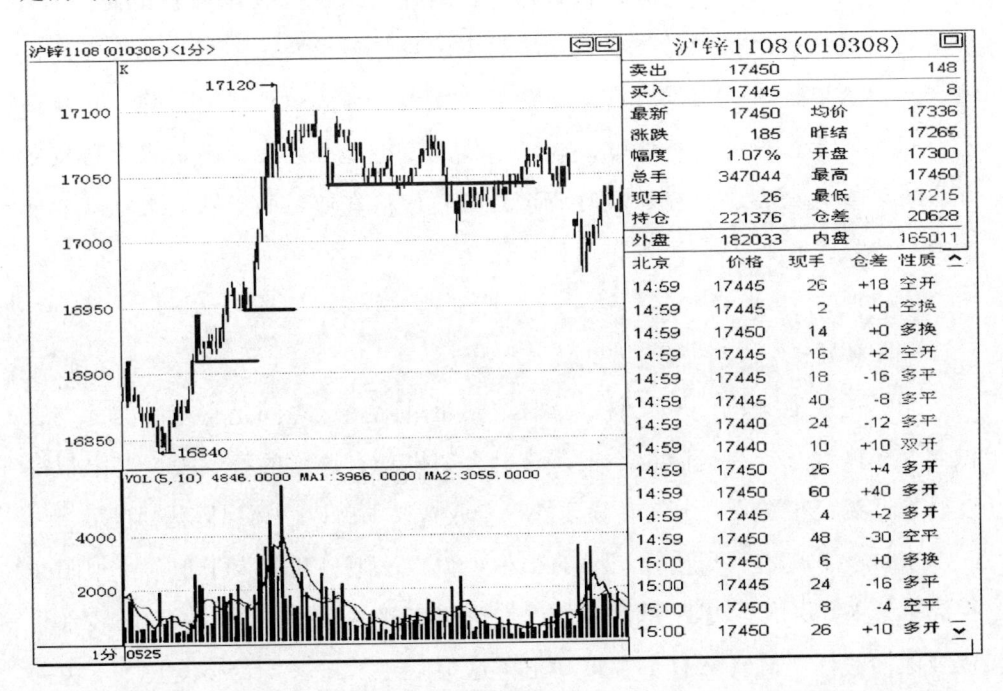

图 4-2

价格上涨之后出现第一次的调整走势，如果进行日内趋势性交易，一定要习惯性地把之前调整的低点设置成为止盈位，价格在这个位置之上则持有多单，一旦向下跌破则无条件出局。

上涨到最高点区间后，价格又形成了一次调整的走势，而后的回落并没有破位，回落的低点受到了支撑，但上涨之后的再次回落则向下跌破了止盈位，这意味着价格的上升趋势将有可能逆转。因此，多单不宜再继续持有。

这种止盈的方法只适合于价格上涨时调整幅度并不算太深的走势，如果上涨后调整幅度过深，这种方法肯定就不太适合了。一般来讲，调整的幅度位于上涨波段 1/3 左右的，这种止盈的方法就非常适合。

第二招 将前一根阳线视为多单止盈位

投资者询问：

我喜欢进行短周期的日内投机操作，这样的操作一般赚几个波动单位就平仓，这就使得比较难以把握住盘中的大波段。不过，每天操作几次赚的钱也不少，所以，我一直没有改变这种交易模式。只不过这样的操作我觉得止盈位很难设置，设得宽一些吧，赚不到钱，设得窄一些吧，刚止盈价格又涨了。有没有什么办法既可以及时地止盈回避价格有可能的下跌，又可以尽量多赚一些钱呢？

一阳解疑：

想尽量多地赚钱，但又需要及时地回避风险，这之间是有矛盾的，很难做到又多赚钱又一点风险也不担，这世上如果真有这样的好买卖，一定记得及时告诉我。在这两者之间必须要做一个取舍，那就以回避风险为重吧。

来说一下我进行日内投机时的一种止盈方法吧。我习惯于把前一根阳线视为多单的止盈位。思路是这样的：在价格上涨的过程中，每一根阳线都是资金做多的体现，既然有资金推动出了这根阳线，那么，它必然具备支撑的作用，只要支撑作用有效，价格就会不断上行，但如果这根阳线的支撑作用失败，那就有可能要出现调整的走势。因此，在前一根阳线可以阻止价格调整的时候进行持仓操作，而一旦前一根阳线失守，则将投机多单及时平仓出局。

在上涨过程中，每多收出一根阳线，新出现的阳线就视为新的止盈位，止盈位的设定基本上是一分钟一变化。这样做的好处就是在价格形成快速上涨的时候，可以把阳线全部捉住，但对于震荡上涨的走势，就很容易被止盈在价格上涨的中途了。所以，这种方法是一种绝对的投机方法，适用于上涨速度相对较快的行情。

棉一1201合约(图4-3)2011年5月26日价格开盘之后出现了较为快速地上涨行情,对于这样的上涨走势,进行投机操作时最适合将前一根阳线视为多单的止盈位。

当价格每收出一根阳线时,这一根阳线的开盘价或是下影线就视为止盈位。如果价格继续上涨,则会再拉出一根阳线,这样就把新出现的阳线的开盘价或下影线(此时也可将之前那根阳线的收盘价视为止盈位)视为新的止盈位,如此一来,在价格连续收出阳线的时候,就不会错过机会。

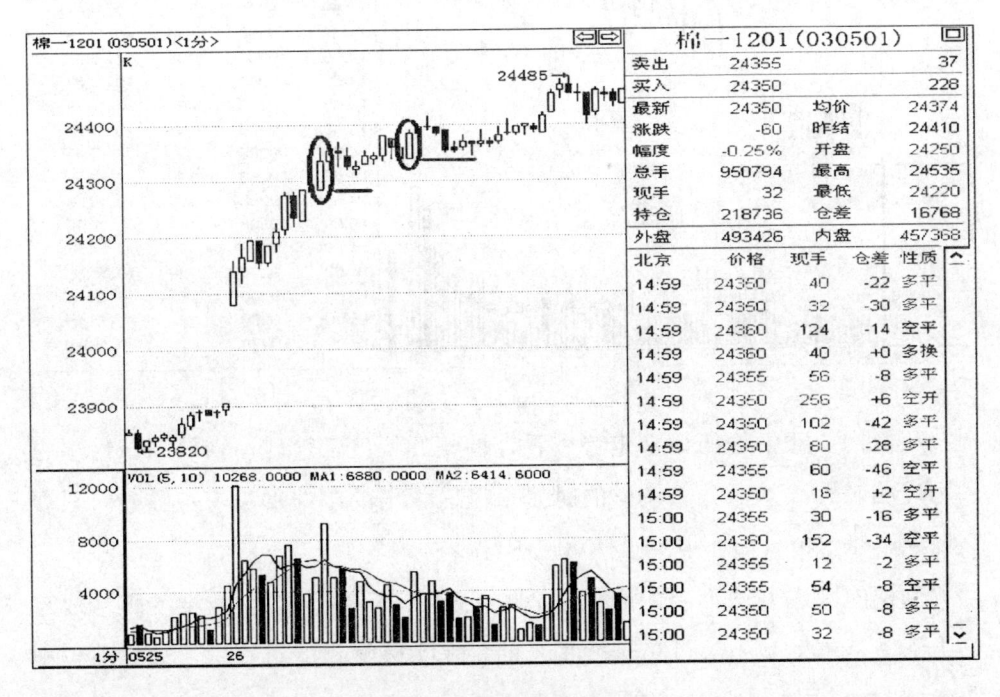

图4-3

在价格上涨一定幅度之后,先后收出了两根阳线(圆圈处),而后价格出现调整,从图中的走势来看,这两根阳线都没有被调整所吞没,因此,可以视为是继续持仓的信号。这种方法可以避免小幅度调整带来的干扰,但如果价格调整幅度较大则很容易促使止盈行为的展开。所以说它只适合于上涨速度快速的行情,因为上涨速度快的行情价格调整的幅度也往往比较小。

棕榈1201合约(图4-4)2011年5月20日价格在盘中出现了一轮趋势单一的上涨行情,从图中的走势来看,基本上每根阳线都会对后期价格的波动产生支撑的作用。做多操作就是这样，只要支撑生效，价格就会涨易跌难。

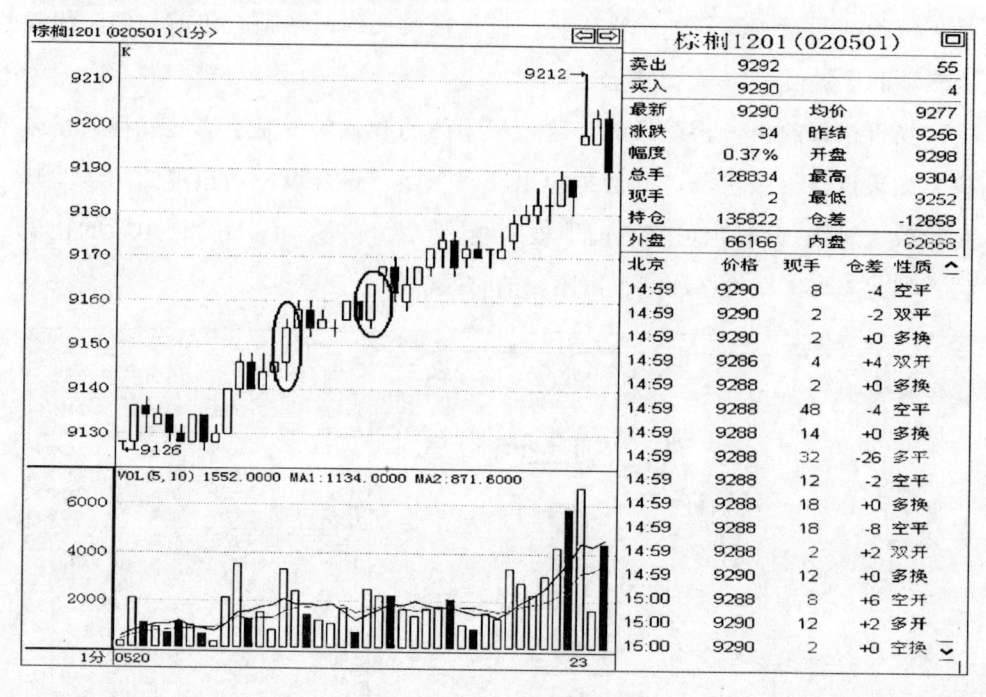

图 4-4

从价格上涨中途的调整走势来看，调整的幅度都比较小，这意味着多方的力度相对大一些，并且调整的时候，之前收出的阳线都没有被跌破，只要之前的阳线支撑有效，多单自然可以继续持有。

这样的操作方法不能保证一定会做足整个上涨波段，但只要价格形成连续上涨，基本上是不会过早进行平仓的。在实际操作的过程中，如果前一根阳线的实体过小，则可以将之前的两根或是三根K线视为一个整体，只要这个小区间没有破位就可以继续持仓，如果破位则需要进行止盈操作。

第三招　将最后一根阳线视为多单止盈位

投资者询问：

在价格强势上涨的过程中，我发现这样一个问题，有的时候一波上涨的高点形成老师所讲的异常巨量以及上冲之末大阳线后，价格出现了回落，但有些时候，这样的技术形态出现后不多久，价格却又涨了上去。这样的走势又该如何设定止盈位呢？能不能实现既可以回避价格自高点开始下跌的风险，又可以不错过之后的上涨机会呢？

一阳解疑：

价格上涨的高点形成异常巨量以及上冲之末大阳线后，出现调整的概率是较大的，但这个技术方法也要分时候，在多方力度不是很大的市场中，价格出现下跌的概率很高。但是，在多方力量很强大的市场中，价格回落的幅度则往往比较小，并且还很容易再度形成一波上涨的走势。

那我们该如何去判断什么样的走势还会上涨应当继续持仓，以及什么样的走势出现应当及时止盈保全收益呢？这里就要关注价格上涨之后的最后一根阳线了。

上涨之后的最后一根阳线的技术特征刚才都谈到了：异常巨量以及实体较大的阳线。根据这根阳线设置止盈的具体方法为：如果这根大阳线没有被阴线所吞没则继续持有多单，等待后期有可能的第二次上涨出现，如果这根阳线被阴线吃掉，则要进行止盈操作不宜再继续持有多单。

最后一根阳线从正常的角度来理解，这是做多资金积极平仓的位置，所以才会造成巨大的成交量，做多的资金平仓出局了，价格也就失去了进一步上涨的动力，出现回落是正常的事情。但是，如果价格始终跌不下来，这是不是又有了别的含义？表面看价格失去了做多的能力，但为何价格跌不下来？还是多方力量强大。

沪铜1108合约(图4-5)2011年5月27日价格在图中出现一波上涨之后，于高点形成了明显的放量，而后成交量连续萎缩，在多方子弹打光的时候，价格失去了上涨的动力，向下跌破了高位放量大阳线，在大阳线支撑失守的情况下，应当进行止盈操作。

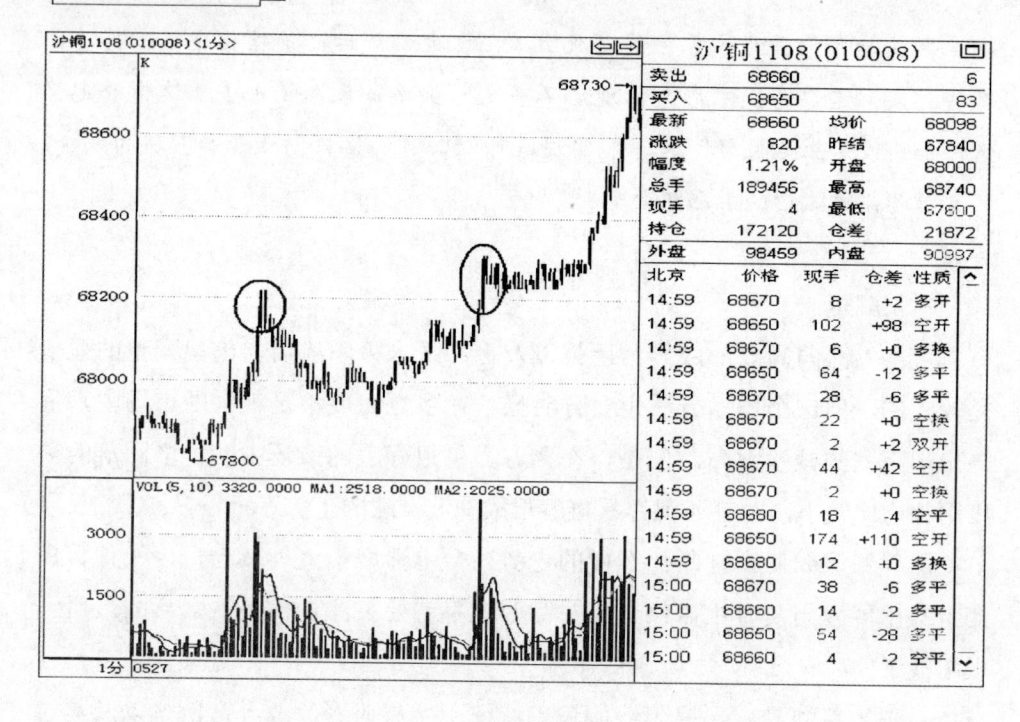

图 4-5

经过一番调整之后，价格再度上涨，在突破了前期高点的时候，又一次收出了一根异常放量的大阳线，此时可以按之前的方法提前进行止盈吗？不可以，因为止盈是需要在价格有明确走弱迹象的时候才可以进行，虽然价格收出了异常巨量的阳线，但目前还并没有走弱迹象，因此不宜提前止盈。

后期成交量同样出现了萎缩，但这一次价格调整的时候却始终跌不下来，这说明多方资金虽然暂时没能积极地进行交易，但空方也没有能力将价格打落下跌，价格具备调整的性质但跌不下来，这其实是一种多方力量强大的信号。既然最后一根阳线始终起着支撑的作用，投资者也就没有必要在支撑有效的情况下进行止盈操作，此时应当继续持有多单。

利用最后一根大阳线进行止盈往往多见于多方力度较大的市场中，或是在龙头领涨品种的上涨过程中经常使用。而跟风上涨或是多方力度并不太大的市场中则少有机会运用。

第四招　布林线中轨帮你正确持有多单

投资者询问：

我在进行操作的时候，总爱犯一个坏毛病，每当赚钱的时候，总是拿不住单，生怕到手的盈利又吐了回去，而当出现亏损的时候，却很有耐心死抗到底。结果钱赔得越来越多，弄得现在连学习的心情都没有了。老师能不能教我一个简单但有效的方法去正确地进行持仓操作呢？明知道我这样的操作方法有很大问题，可就是不知道该怎么样去克服。

一阳解疑：

不会正确地持仓是阻碍投资者实现盈利的一个最大的绊脚石。正确持仓的思路其实很简单，两个字：顺势。赚钱了拿不住单能理解，毕竟赚钱了，平得再早也是赢家，谁也说不出什么。但亏钱了却死拿着不放，这肯定就是大问题了。从这个角度来看，你在持仓的时候并没有做到顺势，顺势持不住，逆势却拿得心安理得，不仅是你，很多朋友都有这样的毛病，必须要解决。

解决的方法其实很简单，但你一定要坚持这样去做，我相信通过一段时间的操作，你的盈亏状况一定会改变！

具体的方法需要结合布林线指标进行：

(1)布林线中轨形成上升趋势。这是要求价格已存在趋势方向，如果布林线中轨保持水平状态则不可以。

(2)在布林线中轨向上的情况下，只要K线位于布林线中轨上方，就不要管K线形态如何变化，始终耐心持仓，避免价格小级别波动的影响。

(3)一旦价格向下跌破布林线中轨则进行平仓操作。

布林线中轨向上提示的是价格已形成了上升趋势，这个时候做多获利的概率是比较大的。而布林线中轨本身具有强大的支撑作用，它会促使价格不断地上行。所以，只要支撑位用有效，就应当坚定持仓。

橡胶 1109 合约(图 4-6)2011 年 5 月 27 日尾盘期间价格出现了一波连续上涨的走势，如果按照你以前的操作习惯，上涨中途的任何一次调整都有可能把你的多单给吓出来。既然操作讲究顺势而为，所以一定要多参照一下趋势类指标的提示。

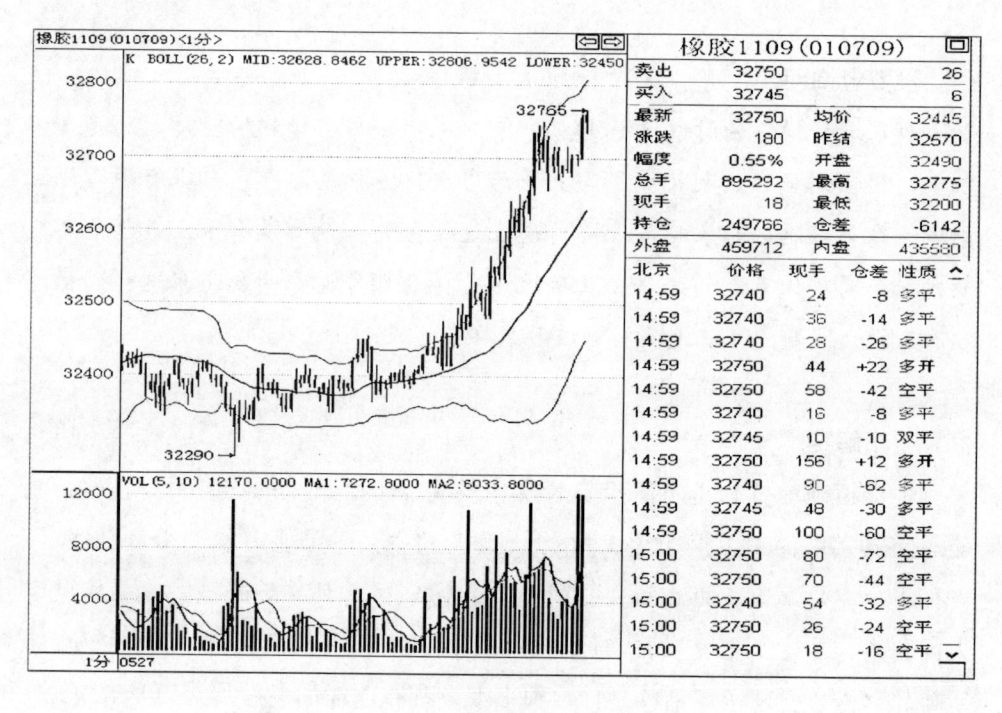

图 4-6

在价格上涨的时候，布林线中轨始终保持着上升的趋势，并且 K 线始终位于布林线中轨上方，非常标准的持仓信号，只要中轨不破，管它 K 线是阴是阳，这样一来，价格的主要上涨阶段就很难再错过了。

L1109 合约(图 4-7)2011 年 5 月 26 日价格在盘中出现了一波放量上涨的走势，虽然上涨形态较为单一，但肯定会有不少投资者因为种种原因而在中途过早地进行了平仓的操作(如果因为达到收益预期而平仓这是完全正确的!)。这不能不说是一种遗憾，但如果结合布林线指标进行分析，过早平仓的问题也就轻松地解决了。

在价格上涨的时候，布林线中轨向上，大方向已经确定就应当顺势交易。在布林线中轨向上的时候，K 线也始终位于布林线中轨的上方，又是非常经典

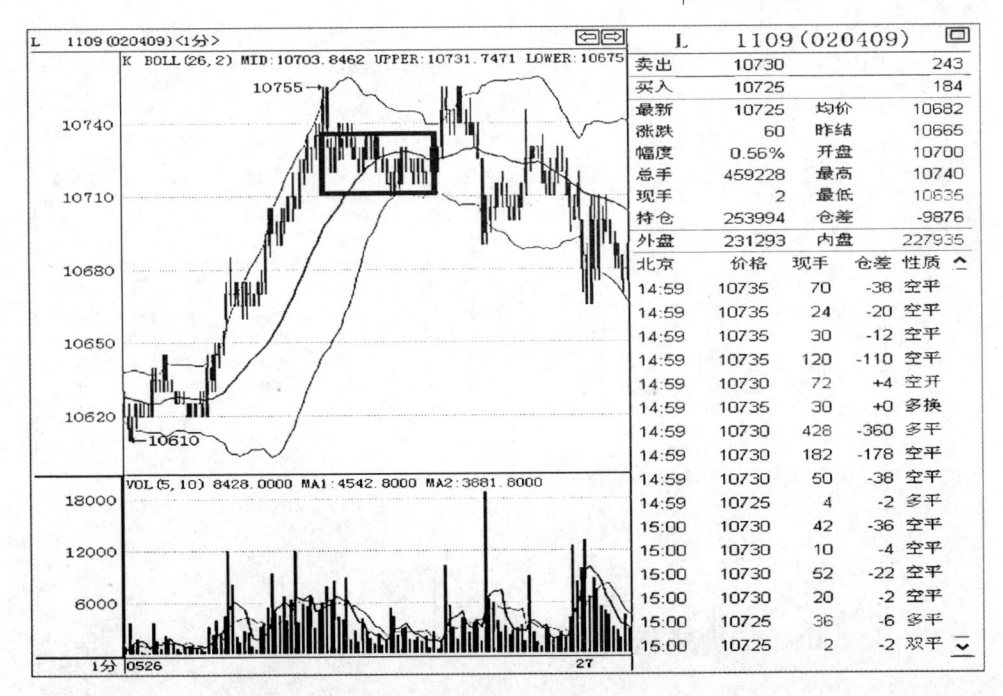

图 4-7

的持仓信号。在价格上涨到高点之后，中轨的支撑作用消失了，一旦 K 线向下跌破中轨就应当将手中的多单及时平掉，从整体操作来看，虽然平仓位并不是最高位，但也算是高点区间，简简单单的一个方法就可以帮助投资者把低成本的多单持有到高位区间。

棉一 1109 合约(图 4-8)2011 年 5 月 24 日价格出现了一波连续上涨的走势，上涨的初期价格震荡较多，这是最容易将投资者甩下马的行情。而主升浪阶段，由于 K 线形态非常简单，所以操作难度并不是很大。

在价格上涨的初期阶段，布林线中轨已形成了上升的趋势，一旦中轨向上，投资者就应当考虑怎样进行做多的操作。虽然上涨初期价格先后两次调整，但是调整的低点均位于布林线中轨上方，中轨的支撑作用帮助投资者过滤掉了价格调整对持仓的干扰。

只要中轨向上以及 K 线位于布林线中轨上方，一不要理会 K 线是阴是阳，二不要去管价格是不是出现了下跌。如果下跌会延续，则将跌破中轨，如果下跌只是上涨过程中多方正常的休息，那就不要在 K 线没有跌破中轨之前过早地平仓。

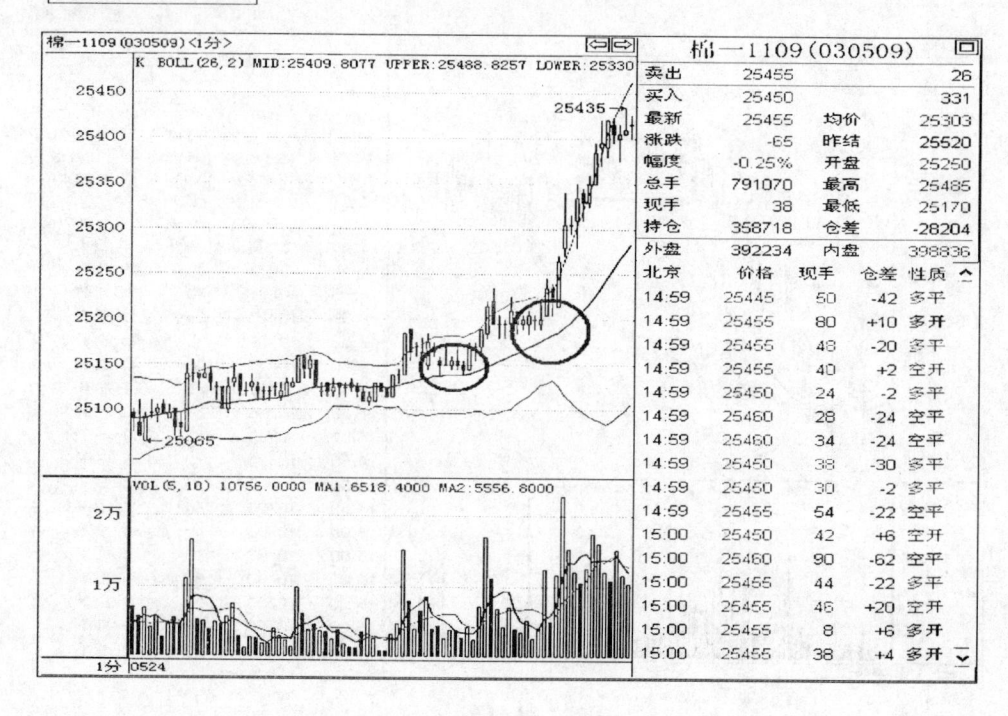

图 4-8

刚开始接触这个方法，可能会在价格调整但没有跌破中轨的时候产生较大的持仓压力，但只要把这个方法多使用几次就可以了解到它的优点，不能说它100%有效，但至少可以解决80%的持仓难题。

第五招　如何根据量能形态持有多单

投资者询问：

在听了老师一段时间的培训课之后，发现老师对量价形态非常重视，以前我没怎么重视的问题，在老师这里把缺掉的课补上了。我想问一下老师，除了技术指标可以起到持仓的帮助作用以外，通过对量价形态进行分析，能不能找到持仓的信号呢？我认为通过量价形态进行持仓，应当比根据指标进行持仓的效果更好一些。

一阳解疑：

没错，根据量价形态进行持仓的确要比根据指标进行持仓效果好。这是因为资金决定价格变化，而价格变化决定指标变化。任何技术都不可能脱离对量对价的分析，量价分析是核心、是根本。

对于很多有经验的朋友来说，他们不看指标只看量价照样可以获利，这就说明了问题。但为什么又要求各位朋友学习各种技术指标呢？这是因为并不是每位朋友都能一下子达到量价分析的水平。所以，必须要有一些辅助手段，随着实战经验的增多，慢慢地也就可以摆脱指标这个拐棍，而依靠自己的能力行走了。

根据量价形态进行持仓，主要是去看一下量价配合是否完美，在量价配合完美的情况下，趋势的延续性将会非常好，价格波动的空间也比较大，很容易为投资者带来较大的获利机会。

我们以价格上涨为例讲一下如何通过量价配合关系进行持仓的方法。

在之前的培训之中，我曾说过，价格上涨时的完美量价关系是：上涨放量、调整缩量。上涨放量说明资金在积极地进行着做多的操作，资金的介入为价格的上涨提供了足够的动力，而调整缩量则说明之前做多的资金并没有在调整区间进行平仓操作，同时也没有资金敢在调整区间进行做空操作，从而使得成交量萎缩。既然做多的资金为主，那么，价格必然会不断上行。

因此，利用量价配合形态持有多单的技巧就出来了：只要价格波动的时候始终延续着放量上涨缩量调整的走势，就应当坚定持仓，直到这种量价形态完全发生变化。

橡胶1109合约(图4-9)2011年4月8日价格在盘中出现了连续上涨的走势，从整体走势来看，每一波上涨都伴随着成交量的放大，这说明价格的上涨必须要得到资金的支持，没能资金的推动，就像开车不踩油门一样，车不可能跑出去。

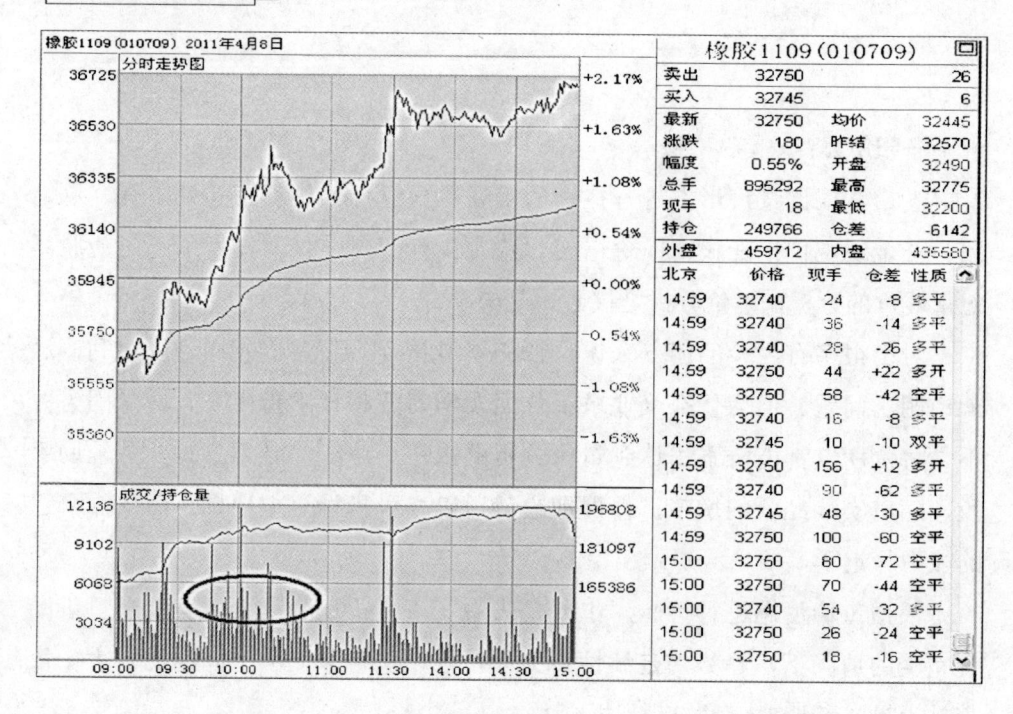

图 4-9

在价格上涨的中途出现了连续三波上涨的走势，上涨、调整、上涨、调整、再上涨、再调整，价格一步步走得非常稳健。在上涨的过程中，量价配合有着这样的关系：上涨放量，调整缩量，这是一种常见的完美量价配合形态，只要价格上涨的过程中具备这样的技术形态，上涨的幅度往往都会比较大。因此，投资者应当在完美量价区间进行坚定地持仓操作。

资金交易态度不改变，价格的上涨就不会停止。所以，在量价配合没有发生变化以前，投资者一定要耐心持有手中的多单。

棉一 1109 合约(图 4-10) 2011 年 4 月 11 日开盘之后价格出现了一波非常迅猛的上涨行情，这可给投资者带来了暴利的机会。在价格上涨的过程中，可以发现这样完美的量价配合形态：价格上涨，成交量连续放大；价格调整，成交量则明显萎缩，资金做多的态度看来是非常积极的。

图 4-10

完美的量价配合说明价格的上涨具备足够的动力，在这种情况下，无论价格已经涨了多少，只要量价形态没有变化，都不必进行平仓操作。根据量能进行持仓，更多注重的是放量的连续性，因为量能的放大是价格波动的动力，只要价格的上涨有资金支持，量能就会如实地反映资金的操作态度。缩量起到辅助分析手段，它显示的是对手的交易态度，多方做多积极，对手空方没什么兴趣操作，你说价格会不会涨？有没能必要继续持仓？

豆一 1201 合约(图 4-11)2011 年 3 月 25 日价格早盘上冲后经过一波调整后，在量能放大的情况下价格再度上涨。在上涨的过程中，成交量保持着连续放大的状态，这说明资金在此时做多的态度非常积极，在放量区间投资者应当坚定地进行持仓操作。

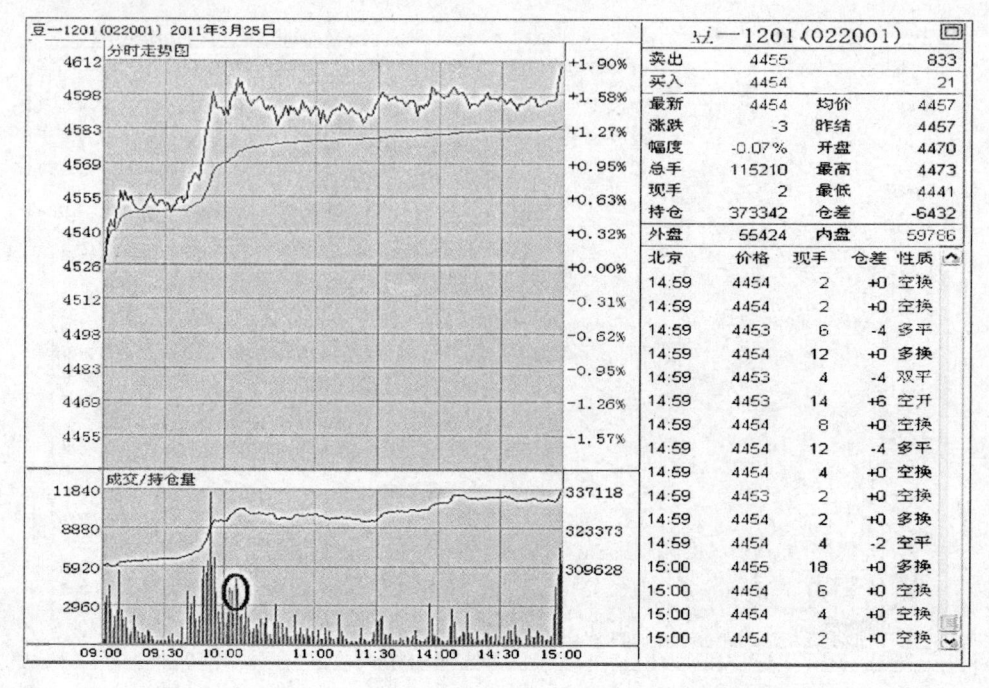

图 4-11

　　一波快速的上涨过后，价格再度调整，调整区间量价配合形态依然完美，上涨放量调整缩量在此时没有任何改变。但是，调整过后量价形态却发生了明显的变化，价格再次上涨的时候，成交量出现了萎缩（相比上一波的放量）。上涨缩量说明资金做多的态度变得不积极，价格的上涨开始缺少动力，在量价配合发生变化的情况下，投资者也就应当开始考虑平仓的问题了。

　　根据量价形态进行持仓是一种区域性的操作，因为放量与缩量需要有一个过程，不可能马上识别出放量或缩量。因此，对应的操作是进行区域性的持仓以及区域性的平仓。

第五章 各类价格波动常见交易技巧

第一招　怎么操作上涨的突破走势

投资者询问：

参加了老师的培训之后，现在我对突破操作有了一定的了解，至少知道了以前所不知道的，应当在强多或是强空市场中进行突破的操作。通过实战总结，发现在这两种市场状况下突破操作的成功率的确会比较高。但是，有的时候盘面明明多头占上风，可进行突破操作依然赔钱了，是不是还需要其他的技术条件进一步进行要求呢？希望老师可以指点一下。

一阳解疑：

突破操作的确困扰着很多朋友，一方面价格的涨跌必然会形成突破，带来很好的盈利机会，但另一方面很多假突破的出现使得投资者产生了亏损。正如你所说：突破操作一定要在多头或是空头迹象非常明确的时候进行，多头力量越大，价格上涨的持续性也就越好，形成的突破往往值得操作，空头市场也是同理。但还需要补充一点，在弱多或是弱空市场中，对龙头品种也可以进行突破的操作，因为龙头品种的涨跌幅比较大，所以一旦形成突破走势就可以择机进行操作。

不管在什么市场状况下进行突破操作，都需要记住一点：在价格出现连续几波上涨之后，再形成的突破其可操作性将会降低。也就是说，在价格有了数波上涨之后，假突破的走势也就越容易出现，所以，在这个时候进行突破操作必须要多加小心。

突破操作就价格的上涨而言，最好在第一波上涨或是第二波上涨之后进行，有一句老话说得好：凡事有一有二，不能有三有四。放在期货市场上这句话应当这样理解：在进行突破操作的时候，第一、第二次上涨后的突破可以做，第三、第四次上涨后的突破还是多加小心为好。

为什么第一波和第二波的上涨最值得进行突破操作呢？这是因为价格此

时已经形成了明确的上升趋势。但是，整体涨幅并不是很大，上涨空间没有透支，在价格还有进一步上行空间的时候，突破走势自然可信。

在进行突破操作的时候，一定要对量能的变化进行关注，要求成交量必须要放大，但量能的放大是一个连续且温和的形态，而不能是异常的放量，异常放量形成的突破十有八九都是假突破。如果突破形成时出现缩量，这也是万万不行的，价格上涨形成突破但量能萎缩，直接说明资金的推动力度不足，这又怎么可能会促使价格连续上行呢？

棉一1109合约(图5-1)2011年5月31日早盘期间价格出现了连续上涨的走势，第一波上涨过后，分时线形成了放量上涨缩量调整的走势，量价配合比较完美，对于这样的走势，价格后期继续上涨的概率是比较大的。

图 5-1

在价格调整的过程中，回落的幅度比较浅，这就失去了逢低做多的机会，没有低点做多机会也没有关系，可以留意突破走势的出现。由于量价配合完美，并且价格刚刚形成第一波的上涨，所以，后期出现的突破走势可以积极进行操作。

第二波放量上涨出现之后，价格再度形成了小幅度的调整走势，并且完美的量价配合形态依然没有改变。此时的上升趋势变得更加明确，价格继续顺势上涨的概率依然大，因此，仍然可以使用突破的方法进行做多操作。

从这两次突破的走势来看，成交量的形态完美一致，在价格创出新高时，量能的放大说明资金入场做多的积极性非常高，这就给价格的上行提供了足够的动力，这样的突破可操作性非常高，并且很少会形成假突破的走势。

焦炭 1109 合约(图 5-2)2011 年 4 月 18 日开盘之后，价格便出现了连续上涨的走势。在第一轮上涨结束之后，价格形成了小幅度的调整，回落的幅度浅说明多方力量比较大，由于价格刚刚形成第一波的上涨，所以，后期再度上涨的概率极高。因此，当突破走势出现的时候，应当视为做多机会的到来。

图 5-2

第二波上涨出现后，价格再次调整，但回落的幅度依然较小，并且调整低点还受到了均价线的支撑，多头迹象依然明确，应当继续保持做多的思路。在价格第二次形成突破走势之后，随着成交量的连续放大，一波大幅度的上涨走势随之出现。突破点就是价格上涨的起点，在这个点位进行做多操作非常适合。

123

下午开盘后于价格波动的高点再度形成了一次突破的走势，但是，这一次的突破并没有促使价格继续上涨，突破后价格很快出现持续性的调整，如果在这个位置的突破点进行做多操作，无疑是错误的。为何这个点位不宜进行突破的操作呢？原因很简单，因为价格已经出现了数波上涨的走势，突破的可操作性已经变得很差。

PTA1109合约(图5-3)2011年5月17日下午开盘之后，价格形成了一次突破的走势，但是新高走势仅维持了很短的时间价格便连续下跌。在突破点进行做多操作，除非投资者的手很快，否则很难有获利的机会，此时的突破为什么是假的呢，理由就在成交量的变化上。

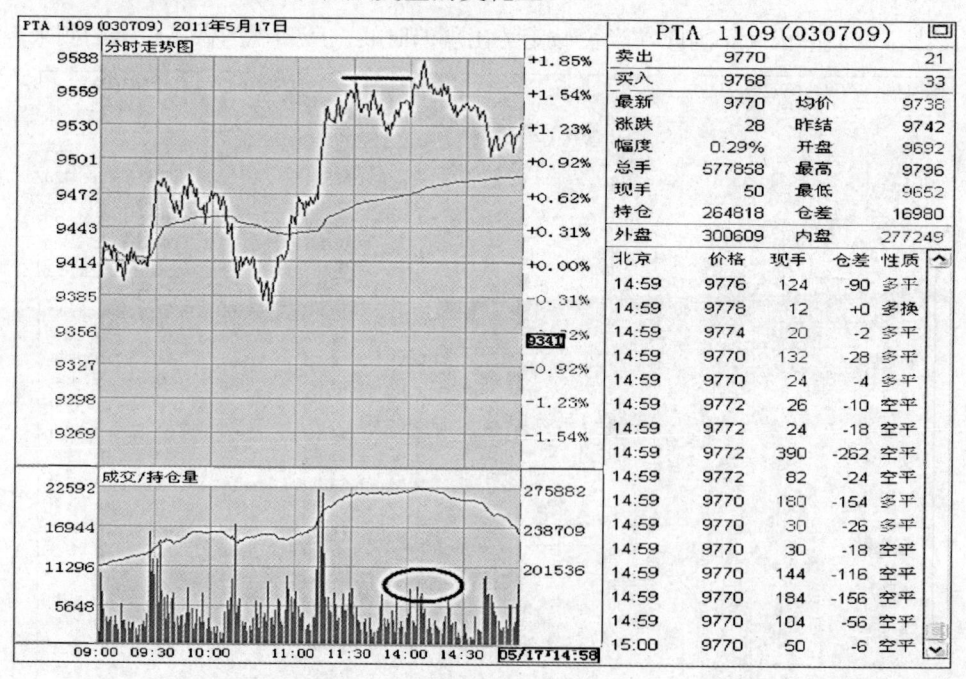

图 5-3

在价格突破前期高点的时候，成交量并没有形成放大的现象，而是出现了明显的萎缩，量能的萎缩说明资金在此时做多的积极性不高，这就使得价格的上涨没有足够的动力，不给油门，车怎么能跑得起来呢？

从正常的角度来讲，突破的形成意味着多方再度发力推高价格，这就要求必须要有资金积极参与，参与的资金越多，价格上涨的幅度也就越高。但是，仅是价格形成突破，而没有资金参与，上涨将很难延续。因此，在对突破走势进行操作的时候，一定要密切留意成交量的变化，突破必须放量（温和且持续的放量），如果形成缩量突破则不能入场做多。

只要在成交量放大以及价格上涨的初中期阶段进行突破操作，成功的概率就会提高。在量能配合不完美，以及价格连续上涨以后，最好不要用这种方法去做多，以防突破只是暂时性的出现。

第二招　如何把握价格上涨初期的盈利机会

投资者询问：

在老师的语音课堂中我听过一节这样的课：价格首轮波动口诀，讲的真是太好了，很多原本没有注意到的波动形态经过老师的讲解，仿佛一下子看得非常明白了，价格各种类型的首轮波动分析有助于把握价格涨跌初期的获利机会。但是在口诀中并没有听到关于量能的讲解，记得您曾多次讲过：量价分析不离家，那量能是不是也有首轮波动的现象呢？

一阳解疑：

量价分析不离家，你记住了这句话非常好。在价格首轮波动口诀中为大家讲解的确都是价格波动的应对方法，关于量能的首轮波动还没有为大家讲到。既然你问到了这个问题，我就讲解其中的一个技巧吧，这个方法的成功率还是很高的，我认为是投资者必须要掌握的一种操作方法。

以价格上涨为例，量能首次放大是资金做多行为的开始，在量能首次放大的过程中追随这些资金操作，获利的概率是极高的，因为首次放量对应的往往是资金们的持仓成本所在。

那么量能首次放大是什么意思呢？它是指：开盘后不久成交量首次在盘中形成密集性放大。在这里有两个常见的形态，一是早开盘成交量比较低迷，而后形成连续性放量，这种量能形态很容易识别；二是早开盘成交量比较大，早开盘放量后开始缩量，而后再度放量，此时的再度放量视为首次放量，不能将早开盘的密集量能视为是首次放量。

在形成首次放量的时候，价格往往会有不错的表现，这是最值得操作的一个区间，但唯一的不足就是无法得知成交量到底会在什么时候形成首次放量。就像我们的操作一样，我永远也无法预测出你将会在什么时候操作，你也无法预测出我什么时候交易。

PTA1109合约(图5-4)2011年5月17日开盘之后成交量并没有明显的放大，在量能不活跃的区间投资者最好不要交易，因为没有资金的介入价格的波动空间都将会是比较小的。虽然早盘期间没什么量，但应当明白，当天总会有资金入场操作的，一定要时刻留意资金的操作动向，只要资金入场，就必然会在成交量的变化上留下痕迹。

图 5-4

经过近半小时的缩量震荡之后，成交量终于形成密集性放大的迹象，在资金的推动下价格也在此时出现了快速的上涨，该区间的波动为投资者提供了一次极好的投机性做多机会。从成交量的状况来看，这是开盘以后的第一次放量，所以，把它称之为首次放量。这是资金第一次入场操作的信号，对于投资者来说也是最安全的操作机会，因此，首次放量往往是资金的持仓成本所在。

橡胶 1109 合约(图 5-5)2011 年 5 月 13 日开盘之后价格出现了上冲的走势，早开盘期间成交量放大迹象比较明显。投资者不能把早开盘时的放量视为首次放量，因为无论在什么时候，早开盘、午开盘或是小节开盘，成交量都会出现一定程度的放大，这是正常现象，

图 5-5

早开盘放量维持了一会儿之后，成交量开盘萎缩，而后再次形成了一波放量的现象，这个时候的放量才可以称之为首次放量，因为这是量能自开盘后第一回合的放大。在首次放量区间价格形成了突破上涨的走势，无疑这一区间是极好的做多位置。

首次放量在盘中很容易确定，对应的操作手法是进行追涨操作，因为价格往往在此时刚刚进入上升趋势。所以，价格后期进一步上涨的概率比较大，哪怕只出现一波上涨，这波上涨也足以给投资者带来不错的收益。

焦炭1109合约(图5-6)2011年5月13日开盘之后成交量出现了明显的放大，在价格有一定幅度高开的时候，量能最容易放大，因此高开后，会有一定量的空单止损平仓和多单止盈平仓，这是构成量能放大的一个因素。

图5-6

早开盘的放量延续了几分钟后缩量随之出现，此时的缩量就为后期判断首次放量是否出现提供了参考，只要量能再度放大，并且对应价格上涨，就可以入场进行操作。从图中的走势来看，缩量延续了一会儿之后，成交量密集性放大，怎么做？追涨做多。首次放量往往是多方资金的持仓成本所在，在这个区间操作安全性是很有保障的。

出现次数较多的就是：早开盘放量而后缩量，缩量后进而形成首次放量的走势，早开盘无量而后盘中某一时刻出现首次放量的现象出现的次数相对少一些。但不管是什么形态的首次放量，只要这种技术现象出现，都可以积极地入场进行做多操作。

第三招 震荡上涨时的介入点位

投资者询问：

前几天因为出差，误了几节课，听群中的朋友说老师讲了一节很关键的课：在价格震荡上涨的时候如何决策介入位，听题目就知道内容很重要，这也是我一直想学的知识，因为我对震荡上涨行情总是做不太好。老师能不能开个小灶再为我讲一下这个方法？

一阳解疑：

可能大家都喜欢先睹为快吧，其实对于内部学员来说不用担心缺课，因为每个月都会给大家邮寄培训光盘。既然你缺了这节课，就为你补上。

价格的上涨多见两种形态，一是单边上涨，此时价格上涨速度很快，并且成交量很活跃，这样的上涨由于中途的调整幅度比较浅，所以没有好的逢低做多的机会，只能进行追涨操作。二是震荡上涨，这是价格上涨时常见的技术形态，但是价格一会儿涨一会儿跌，会让很多投资者感到难以下手操作，由于出现的频率较高，所以，面对震荡上涨时的操作方法是必须要掌握的。

价格只要能上涨，哪怕震荡再多，都说明多方占据上风，在多方占据上风的时候，价格上涨时回落的低点就必然会有支撑现象出现。所以，对震荡上涨走势操作的思路就是要利用支撑作用进行逢低操作，这是面对震荡上涨行情操作的主要思路。

既然寻找支撑，那么，均价线与布林线就可以起到帮助的作用，但更多时候布林线指标的帮助作用是最大的。利用布林线中轨与下轨的支撑做多是价格震荡时的主要操作手法。

在整体盘面多头迹象明显以及布林线指标中轨向上的时候，一旦价格调整到布林线中轨位置时便可以考虑入场进行做多操作。如果价格多头迹象并不是太明显，在价格调整到布林线下轨的时候，也可以考虑做多，但在回落的时候要求成交量不能明显放大，一旦有资金参与做空，下轨的支撑可能就守不住。这种操作方法，盘面的多头迹象越是明确，盈利的成功率也就越高。

PTA1109合约（图5-7）2011年5月31日价格下跌之后出现了震荡上涨的走势，面对震荡上涨行情，主要的思路就是运用支撑进行逢低做多，所以，寻找低点是最主要的。这个低点必须要有明显的支撑，没有得到支撑的低点是不宜进行操作的。

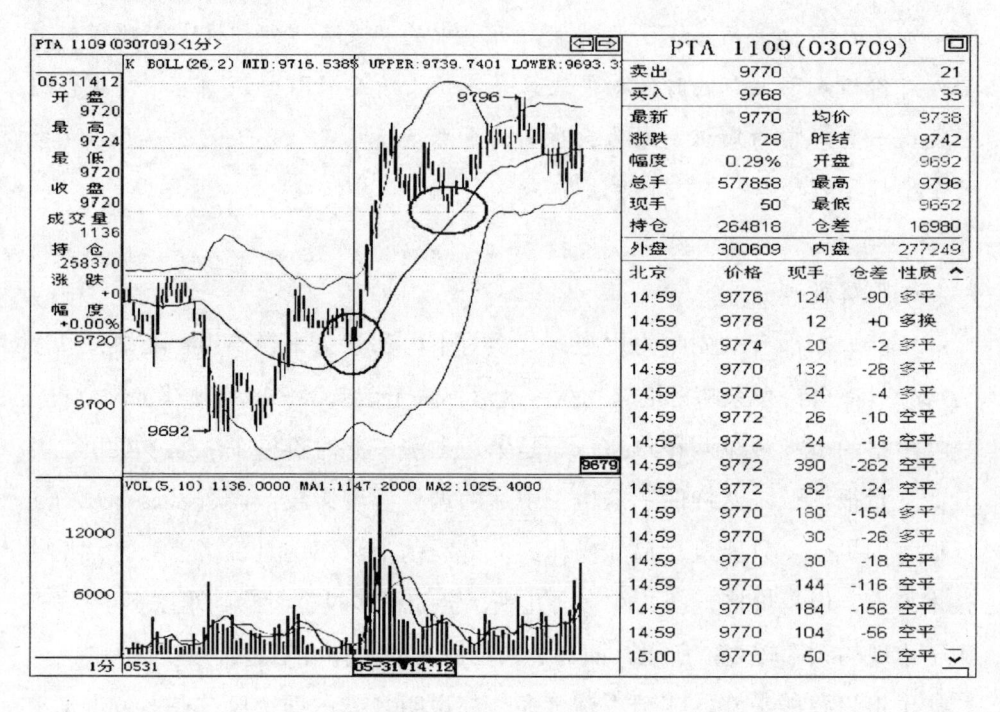

图 5-7

在价格震荡上涨的过程中，出现了两次调整的低点，虽然两次调整的位置有很大差别，但均受到了布林线中轨的强大支撑，在价格接近布林线中轨并有下跌结束迹象的时候，就可以入场进行做多的操作。

需要注意的是，利用布林线中轨支撑作用逢低做多的时候，必须要求中轨趋势向上，如果中轨保持水平甚至是下降趋势，都是不可以的。

L1109合约（图5-8）2011年5月30日形成了很极致的震荡上涨走势，1分钟K线图曲曲折折，虽然价格上涨时的技术形态并不是很流畅，但却依然有着非常标准的技术形态。

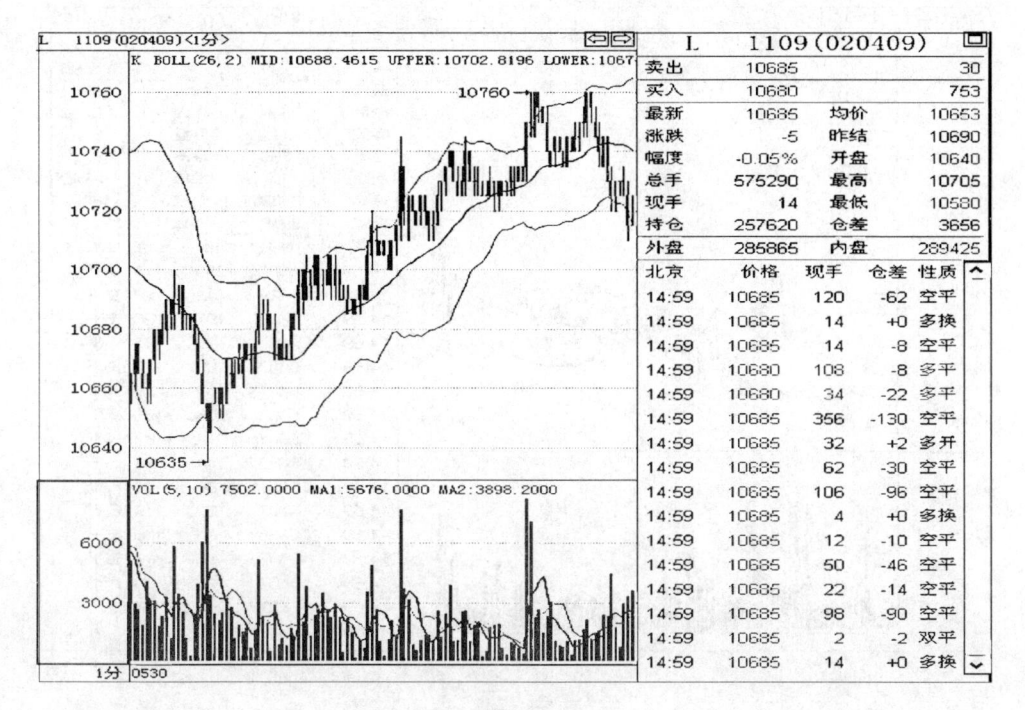

图 5-8

在价格上涨的时候，布林线中轨明确向上，这指明了操作的方向，必须要进行做多的操作，绝不能在布林线中轨向上时有任何做空的想法。价格在上涨的过程中出现了多次调整的走势，但是，每一次的调整低点均受到了布林线中轨的支撑，只有在支撑作用生效的情况下，价格才会具备连续上涨的能力。因此，K线靠近或是接触到布林线中轨的时候，就可以逢低入场进行做多的操作。

在价格震荡上涨的过程中，向布林线中轨回落的时候，成交量必须是萎缩的，调整缩量说明没有资金在场中进行做空的操作，这样一来才会为价格后期的上涨扫清障碍。

白糖1109合约(图5-9)2011年5月31日价格在一轮放量下跌之后，出现了震荡上涨的走势，从图中的走势来看，价格调整的低点跌破了布林线中轨，但却受到了布林线下轨的支撑，利用布林线中轨支撑做多显然是不合适的。

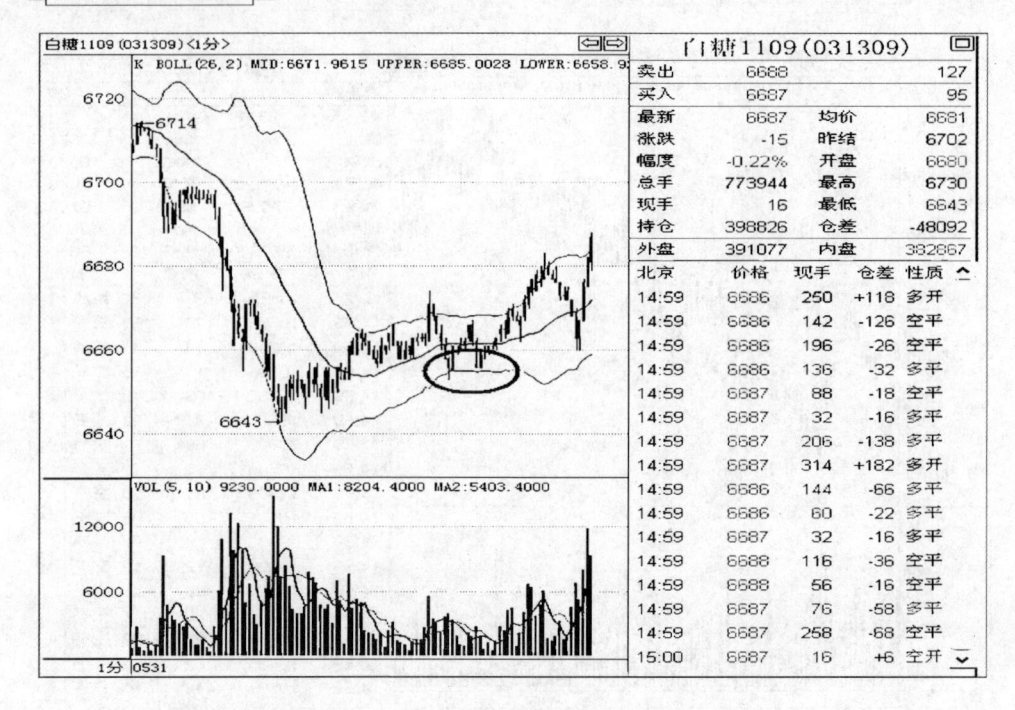

图 5-9

在整体盘面多头迹象并不是太明显，或是目标品种走势较弱的时候，应当关注下轨的支撑并寻找机会操作。只有在盘面明显趋多或是目标品种走势较强的时候，才可以使用中轨支撑逢低做多。

在价格向下回落靠近下轨的时候，同样不能出现放量，价格下跌时量能萎缩的越明显，在受到下轨支撑之后上涨的概率也就越高。

如果市场中有品种形成中轨支撑的时候，尽量去选择中轨得到支撑的走势操作，下轨支撑的走势从安全角度来讲只能作为备选对象。

第四招 什么样的上涨走势可以赚更多的钱

投资者询问：

可能我的问题显得比较贪心，但哪个投资者又不会这样想呢？我想问一下，什么样的上涨走势可以赚更多的钱？我知道答案肯定是价格强势上涨的时候，但是，又该如何确定价格的上涨是较为强劲的呢？这种走势的技术特征又是什么样的？

一阳解疑：

每一个投资者都希望在期货市场中实现较高的收益，没有这种想法的投资者真是少之又少。从技术的角度来讲，我们需要掌握这种能带来高收益走势的识别方法，但从实战的角度来讲，贪心是越少越好，因为贪念越重心态也就越乱。

价格形成强势上涨走势的时候，由于此时价格波动幅度较大，因此很容易带来高收益的机会。但是，如何确定价格此时是否进入强势上涨状态，这就需要有一个固定的方法去识别，否则，对于强势的概念，每个投资者都可能有一套确认的方法，这不利于统一确定。

统一确定价格波动是否形成可以给投资者带来赚更多钱机会的强势走势，需要参考布林线指标。

在价格正常上涨的时候，90％的时间 K 线都会位于布林线上轨与下轨之间进行震荡，很少会跑到上轨或是下轨的外边去。但是，有少数的时候，在价格上涨时，K 线将会跑到布林线上轨以外，将原来布林线上轨的压力转为支撑。对于这样的走势，就可以确认是强势上涨走势的形成，在这一区间进行积极地做多操作，投资者便可以很容易地实现较高的收益。

这种识别价格强势上涨方法的思路是：判断价格是否具有突破压力的能力，只有那些有能力不断突破压力，并将压力转变成为支撑的走势，才会出现较大的涨幅，才可以给投资者带来较大的获利空间。所以，布林线上轨压力是否可以被突破，以及是否可以将压力转变成为支撑，就是判断价格当前波动是否较强的判断标准。

在价格表现最为强势的时候，不管是阴线还是阳线都将会浮在布林线上轨的上方，但这种走势出现的次数相对少一些。更多时候，只要价格的波动重心始终位于布林线上轨上方，这就达到了强势上涨的要求，在这一区间进行操作，投资者才更容易赚到更多的钱。

L1109合约(图5-10)2011年6月3日价格在盘中出现了一波较为强劲的上涨走势,在价格上涨的过程中,成交量保持着连续放大的状态,正是资金的积极参与才促使价格出现较大幅度的上涨。

图5-10

在价格上涨的过程中,K线基本上都位于布林线上轨的上方,原来应当起到压力作用的上轨,在此时却为价格的上涨起到了支撑的作用。一旦K线突破布林线上轨,并始终在上轨以上波动,投资者就要在这一区间积极地进行做多的操作,因为价格在此时的波动幅度往往是最大的,是最容易给投资者带来高收益的区间。

豆一1201合约(图5-11)2011年6月2日价格于盘中出现了一轮较大幅度的上涨,这一轮上涨行情可以给进行日内投机操作的投资者带来可观的收益。由于这种形态的走势经常出现,所以,投资者很有必要了解其价格上涨时的技术特征。

在价格上涨的时候,成交量的放大是最为明显的技术特征之一,不管什么样的上涨走势都不能脱离放量,量能的放大是价格强势上涨的动力来源。

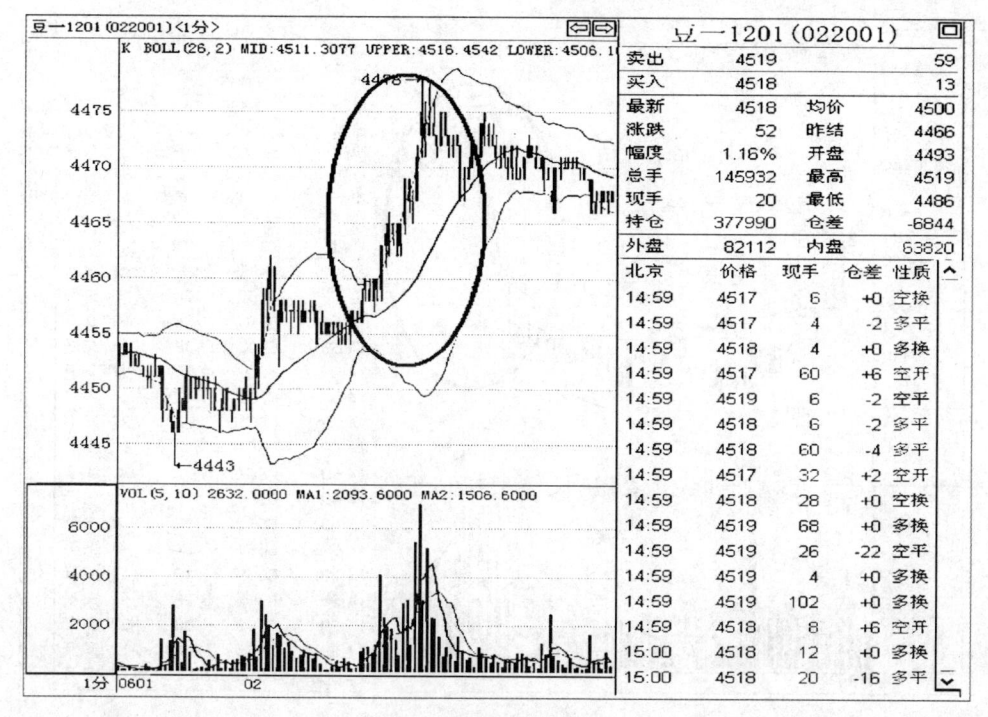

图 5-11

在价格上涨的过程中，K 线基本上都位于布林线上轨上方，虽然有的阴线跌破了布林线上轨，但从整体走势来看，波动重心却在上轨以上。

在价格将布林线上轨的压力转变成为支撑的时候，对于投资者而言，获利的大好时机就在眼前。

白糖 1201 合约 (图 5-12) 2011 年 6 月 1 日价格下跌之后，受到成交量连续放大的推动，出现了一轮快速上涨的走势，在上涨过程中，阳线连续的出现为投资者带来了极好的获利机会。

在价格上涨的过程中，K 线全部位于布林线上轨以上，这是一种极为强势的上涨形态，较之前两个上涨案例，这样的上涨走势更值得进行操作。

什么样的价格上涨可以使投资者赚到更多的钱，这个问题只要结合布林线指标就可以找到答案，技术方法非常简单但却非常有效。从历史的走势来看，凡是 K 线位于布林线上轨上方运行时，成交量都将会给予完美的配合，只要掌握了这两个技术要点，获利机会的捕捉也就变得很轻松了。

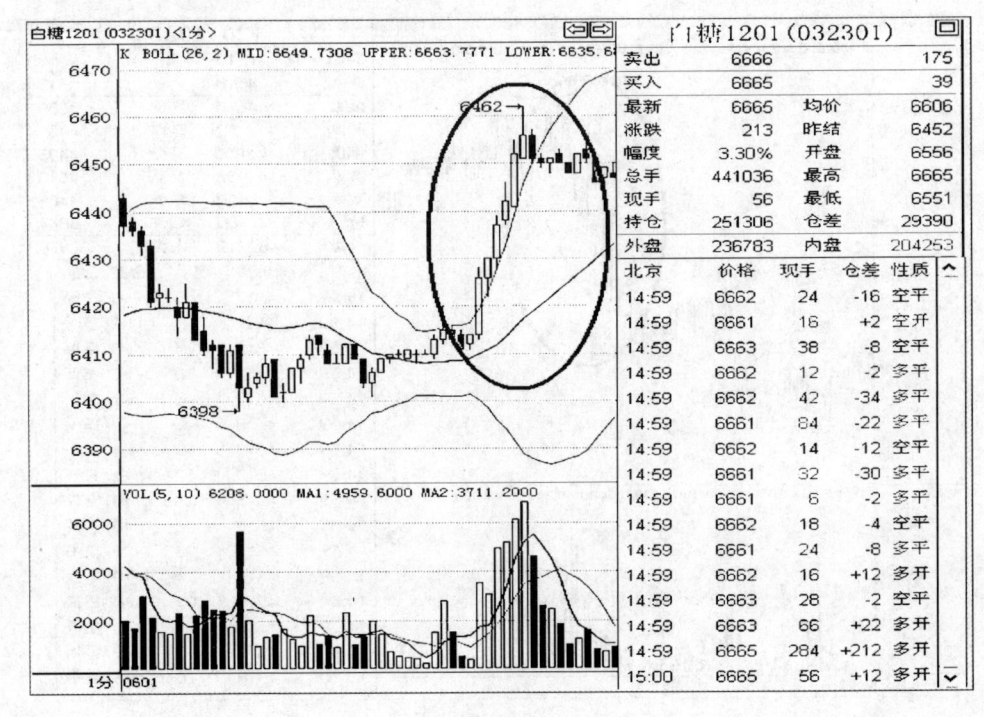

图 5-12

第五招 价格强势上涨该于何时平仓

投资者询问：

有一天参加了老师的视频培训之后，学到了识别价格强势上涨的方法，运用这种方法，我成功地把握住了好多次价格强势上涨的获利机会。虽然这种做多的买入技巧运用得不错，但在平仓的时候却碰到了问题，不是平早了，价格后期又涨了不少，就是平晚了价格又调整了下来。所以，想请老师讲一下：一旦价格形成强势上涨走势之后，平仓的技巧是怎样的。

一阳解疑：

价格形成强势上涨走势之后，如果单纯针对 K 线形态进行分析，平仓点

第五章 各类价格波动常见交易技巧

位的确有时不好把握，此时资金都在积极地做多，因此很难判断出来价格的高点到底在哪里。如果说高点形成了异常巨量，这还算是有一个识别高点的技术理由，如果没有形成这样的走势，平仓点的把握就要费一些劲了。

在这里需要强调的一点就是：无论针对什么样的走势进行平仓操作，只要赚到了预期的收益，任何点位平仓都是正确的。当然，在完成收益预期的情况下，想要让平仓点位更合适一些，则可以再配合技术方法进行操作。

在价格强势上涨之后，考虑平仓点在哪里时，应当保持这样的分析思路：既然利用技术方法判断出了价格的强势上涨进行做多操作，那么，一旦强势上涨形态消失，就应当考虑进行平仓操作。

有了思路，技术的应用就变得简单多了。价格上涨的时候，强势特征表现为：K线全部或是价格的波动重心位于布林线上轨上方，只要一直能保持这种状态，这就说明强势特征并未消失，而一旦K线又回到了布林线通道内，这就意味着强势特征开始消失，在这种情况下，就需要考虑平仓多单了。

在价格保持强势状态的时候进行做多操作，而一旦强势状态消失就进行平仓操作，这样一来整个强势上涨波段就至少可以拿下80%的空间了。

L1109合约(图5-13) 2011年6月3日价格在盘中出现了一波强势上涨走势，由于资金在这一区间进行着积极地做多操作，所以，价格能涨到哪里才是头是很难说得清的。因此，不宜在此时盲目做什么预测，只需要盯死价格的强势特征是否可以保持住就可以。强势一直延续就一路持仓，而一旦强势特征消失就应当平仓出局。

上涨到高点之后，K线开始向布林线中轨靠近，这样的走势使得强势特征明显消失。虽然上升趋势没有改变，但是，价格已由强势上涨转变成为一般力度的震荡上行状态，既然根据强势特征进行的做多操作，那么，在强势特征消失的时候可以考虑平仓出局。

这种在强势特征消失的时候平仓的方法，只能帮助投资者平仓在价格一轮上涨的相对高点区间。平仓之后，价格后期是否还会继续上涨，这也是比较难说的事情，如果整体盘面依然保持着明显的多头状态，价格调整之后还有可能继续上行。

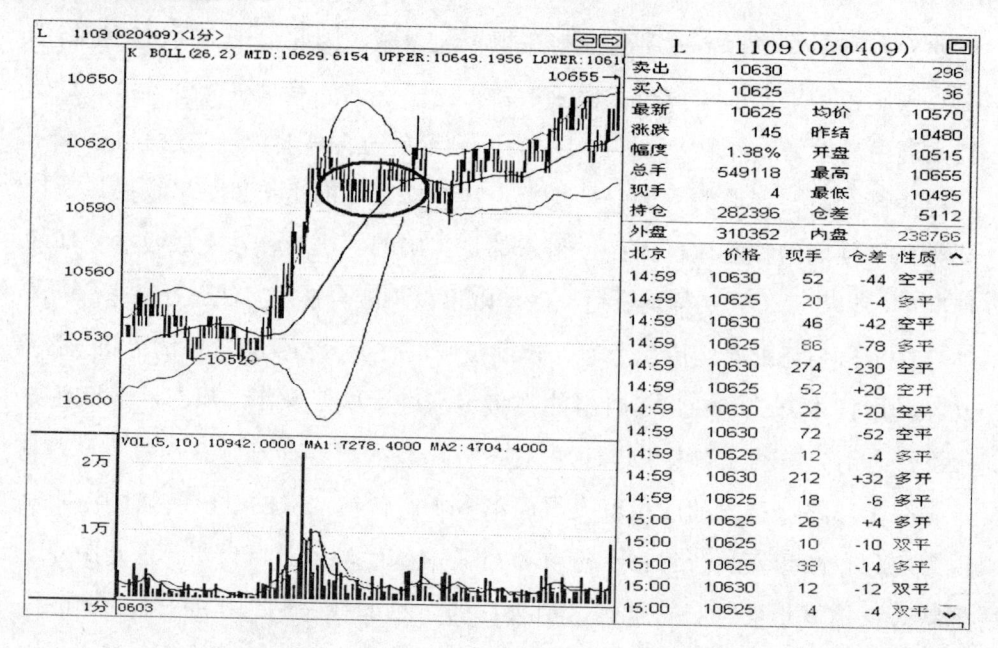

图 5-13

白糖 1201 合约(图 5-14)2011 年 6 月 1 日价格在形成强势上涨走势的时候，K 线始终位于布林线上轨上方，这种技术形态非常简单的走势也会使得平仓点的把握变得非常容易。

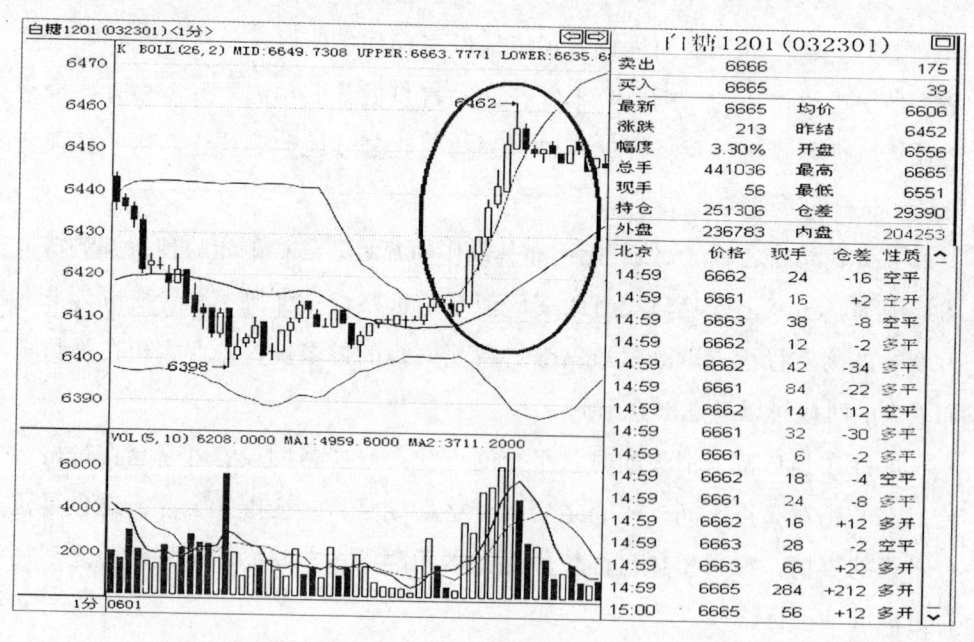

图 5-14

在价格始终位于布林线上轨上方的时候，不要有任何出局的想法，而一旦 K 线跌破了布林线上轨，这将意味着价格的强势特征已经消失，同时，布林线上轨的支撑作用也已消失。在这个时候(K 线跌破布林线上轨)，投资者就应当考虑进行平仓操作。

在价格位于布林线上轨上方时候，成交量往往是比较大的，而一旦 K 线向下跌破布林线上轨，成交量则会在此时开始连续萎缩，从量能的角度来看，也正是由于资金做多的积极性有所降低，才导致了价格强势上涨性质的改变。

第六招 价格上涨后横盘该如何操作

投资者询问：

价格上涨之后我总是对横盘走势判断不准，如果说价格上涨后直接跌下来，这也容易做好操作打算。可一旦横盘，有时价格跌了下来打个措手不及，有时却又涨了上去。看了一些横盘方面的知识，有的说久盘必跌，有的却说蕴涵着机会，到底什么样的说法是正确的呢？面对价格的横盘走势又该如何进行操作呢？

一阳解疑：

横盘走势之所以有时让人头疼，就是因为价格未来的趋势方向不明，有的横盘出现之后，价格蓄势还会再度上涨，而有的横盘出现之后，价格的确出现了下跌。同时，由于横盘区间价格波动一般都很小，没有好的下手机会，所以会使人觉得难以操作。

对于我来讲，我一向是把横盘看作是机会的，只要了解了价格横盘背后的含义，就可以确定出后期较大概率的方向。

久盘必跌这句话也并没有什么错误，它指的是价格大幅上涨之后的横盘容易导致下跌，针对的是高位横盘。而横盘蕴藏着机会也是正确的，因为它针对的是价格上涨初期的横盘。所以，这两句话都没有错误，只是针对横盘出现时的位置不同而已。

对于投资者的操作来讲，在价格连续上涨数波之后出现横盘走势时，需要谨慎对待，此时不宜再进行做多操作，而应当考虑逢高平仓，高位横盘出现的位置，也是假突破最容易出现的位置，所以要多加小心。

而在价格只出现了一波或是二波上涨，价格处于上涨的初期或中期阶段时出现的横盘走势，则是机会的信号，因为多方的力量还并没有释放完毕，价格横盘之后继续上涨的概率是比较大的。

在价格上涨的初期或是中期阶段，横盘本身的性质是调整，通常所说的调整应当是价格出现一定幅度的下跌，但为何此时价格却跌不下来呢？其背后的含义就是多方一步不让，空方根本无法与多方抗衡。所以，价格的波动性质虽然是调整，但始终跌不下来，这样一来，价格后期继续上涨的概率就比较大了。

而在价格连续上涨之后，多方的力量将要耗尽，虽然价格暂时没有下跌，但多方却也无力再促使上涨出现，而空方则趁机聚集做空的力量。可见，位置的不同，横盘的含义也有着很大的差别。

从时间的角度来讲，有的横盘周期比较长，有的横盘周期比较短，对于那些短时间的横盘一定要重视，横盘周期越短，价格后期继续上涨的概率也就越大。

对横盘所处的位置进行判断，是分析的第一步，而后还需要再对成交量的变化进行分析，要求价格上涨时成交量必须放大，横盘区间则要求明显缩量。在确定价格有较大的上涨概率后，就需要密切留意向上突破走势的出现，因为横盘区间价格往往不会下跌。所以，基本上没有逢低做多的机会，因此，只能利用突破走势进行操作。一旦突破形成便意味着价格调整的结束，同时也是上涨行情到来的信号。

橡胶1109合约(图5-15)2011年5月24日价格创出盘中新高之后，在成交量连续放大的推动下，价格开始进入主升浪。上涨的中途先后两次出现了横盘的走势，从整体走势来看，可以很容易确定出横盘的性质为上涨后的正常调整。

图 5-15

在价格两次横盘震荡的过程中,成交量均出现了萎缩,上涨放量调整缩量,这是完美的量价配合,这意味着价格后期继续上涨的概率是比较大的。同时,再从价格所处的位置来看,第一次横盘是价格的初期上涨,第二次横盘则是中期上涨阶段。从价格已出现的上涨波数来看,多方的力量并没有释放完毕,因此可以确定,后期价格继续上涨的概率是非常大的。

在可以确定价格将会继续上涨的时候,由于横盘区间价格波动的幅度较小,所以逢低介入的机会并不存在,因此,需要留意突破走势的出现。从横盘走势来看,逢突破进行操作是最轻松的方法,因为谁都可以很轻易地确定出介入点位在哪里。

沪铜 1108 合约(图 5-16)2011 年 5 月 27 日价格自 9:30 分左右开始形成了明确的多头迹象,分时线始终位于均价线上方震荡,下午价格又一次创出新高的时候,出现了一次横盘的走势,此时的横盘是什么含义呢?

既然价格已经具备了多头迹象,那么,后期上涨的概率将会比较大。从成交量的角度来看,价格上涨时形成了放量的现象,而横盘区间的成交量却

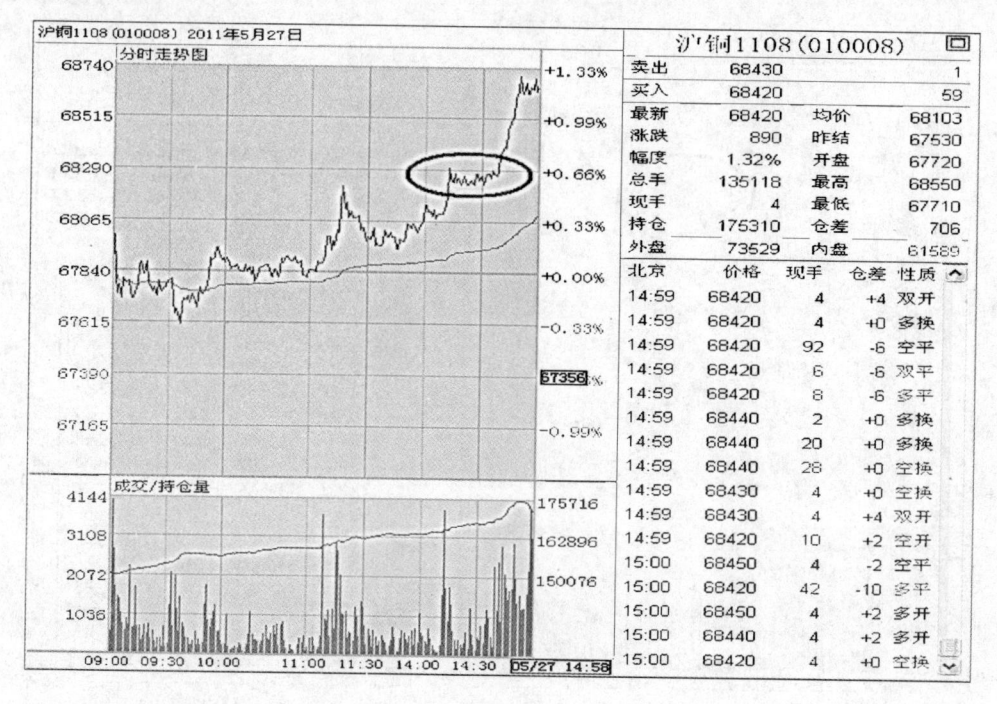

图 5-16

明显萎缩，量能状况符合上涨的要求。同时，从价格所处的位置来看，价格的涨幅并不大，并且横盘出现于前期高点的上方，这是对前高点突破之后的支撑确认。这些技术特征全部对价格的上涨有促进的作用。因此，投资者需要密切留意突破走势的形成。

经过约十几分钟的横盘，价格终于形成了突破的走势。在突破走势出现的时候，成交量明显放大，这说明资金再次开始了积极的做多操作。因此，在价格再度创出新高的时候，就是入场做多之机。

棉一 1201 合约（图 5-17）2011 年 4 月 11 日开盘之后，价格在成交量连续放大的推动下，出现了快速上涨的走势。第一波上涨之后，价格出现了小幅度的调整，由于回落的幅度非常浅，这意味着多头的力量很强大。

第二轮上涨行情出现之后，价格出现了横盘调整的走势，从整体调整形态来看，横盘的周期比较短，越是短周期的横盘就越具备操作的价值。同时，在横盘形成的时候，成交量明显萎缩，量价配合同样非常完美。虽然绝对涨幅可能相对大一些（开盘便达到3%的幅度），但从上涨的波数来看，价格此时

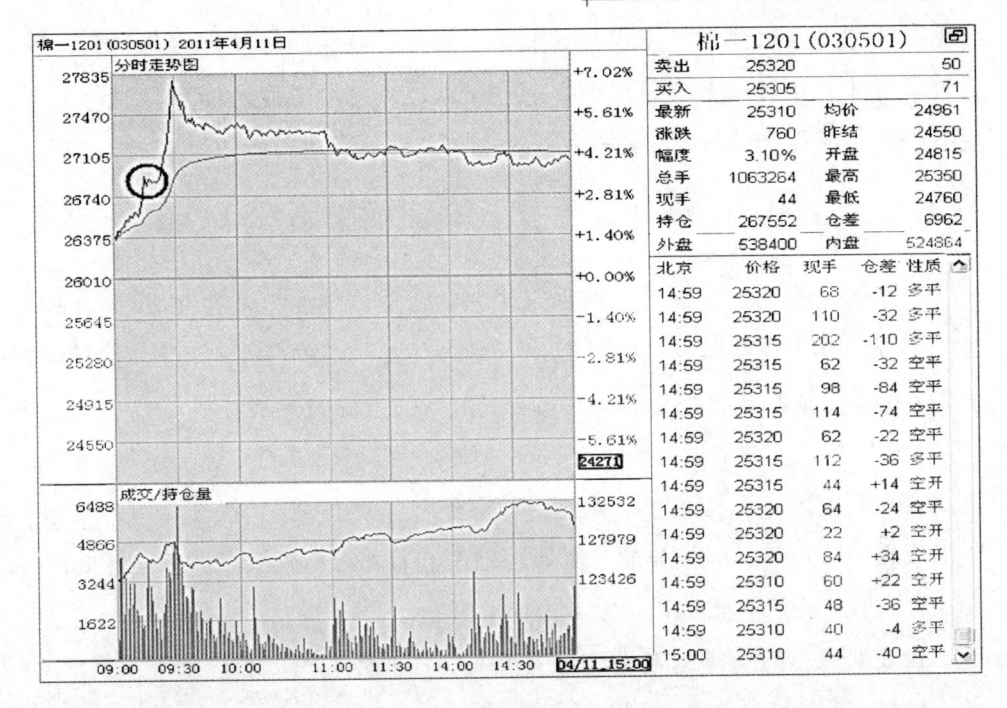

图 5-17

仅上涨了二波，上涨的力度并没有释放完毕。因此投资者需要密切留意价格的再度上涨。

经过短时间的横盘之后，在成交量放大的推动下，价格形成了放量突破的走势，在多方力量没有耗尽的时候，放量突破就是极好的做多时机。

在实战操作的时候，一定要选择价格在上涨初期与上涨中期的横盘走势。同时，在进行分析的时候，也需要注意整体市场的多头力度状况，而后再结合成交量的变化，横盘走势就不会难以操作，而是会为投资者提供获利机会的一种走势。

第七招 如何提高 W 底形态的操作成功率

投资者询问：

在价格连续下跌之后，我喜欢使用 W 底形态进行操作，虽然这个方法很老套，但它却帮我实现了不少的盈利，虽然也有做亏的时候，但总的来说还是赚多亏少。因为一直使用这个方法，所以，我想能不能再结合其他的因素将这个方法的操作成功率提高一些，希望老师可以帮助我。

一阳解疑：

一招鲜，吃遍天。这句话对你来讲非常合适。普通投资者在进行实战操作的时候，并不见得掌握的方法越多就越容易盈利，而是某些方法用得越精才越容易实现盈利。哪怕只有一招，也必然成为市场的赢家。

W底形态是一种常见走势，它有三种技术形态。标准的W底形态是，价格下跌之后两个低点保持水平的状态；较弱的W底形态是左高右低，右侧的低点形成破位的走势；而强势的W底形态是左低右高，右侧低点高于左侧低点。相比较而言，强势W底是最具做多操作价值的。

就底部形态的选择上来说，如果市场中有强势W底形态，则不宜操作其他的底部形态。这是提高W底形成功率的第一个方法。

因为这种操作方法属于是抄底方法，往往在价格下跌之后进行，而在这个时候，整体市场往往处于空头状态，所以，操作的时候一定要在空方力量不是太大的情况下进行。在空方力度较强的时候使用这种方法就容易出现失误，因为就算形成W底形态，由于整体市场空头力量较强，价格反弹的幅度也不会太大，并且很容易受到市场的影响出现破位下跌的走势。因此，确定市场空头力度，在空头力度相对较小的时候进行操作，是提高W底形态成功率的第二个方法。

在形成W底形态的时候，需要关注第二个低点处的成交量状况，在第二个低点形成时，如果成交量出现萎缩，将会提高W底操作的成功率，这是第三个小技巧。价格出现再度的下跌，但是成交量却出现萎缩，这说明资金做空的态度变得不积极，价格缺少继续下跌的动力，将会比较容易出现反弹上涨的走势。如果第二个低点成交量依然放大，这说明资金做空的积极性很高，在价格具备较足下跌动力的时候，使用这种方法操作成功率将会降低。

在对W底形态进行操作的时候，如果能够再结合MACD指标的底背离同步分析，则会进一步提高操作的成功率。一般而言，W 底形成的时候，MACD 指标都很容易提前形成上升趋势，一旦 MACD 指标配合形成如此形态，入场做多的盈利概率将会较大。

橡胶 1109 合约(图 5-18)2011 年 5 月 17 日价格开盘后形成了震荡下跌的走势，而后在成交量放大的推动下，价格出现了快速下跌的走势。放量下跌过后，分时线在低点区间形成了左高右低的技术形态，这是一种弱势的 W 底走势。

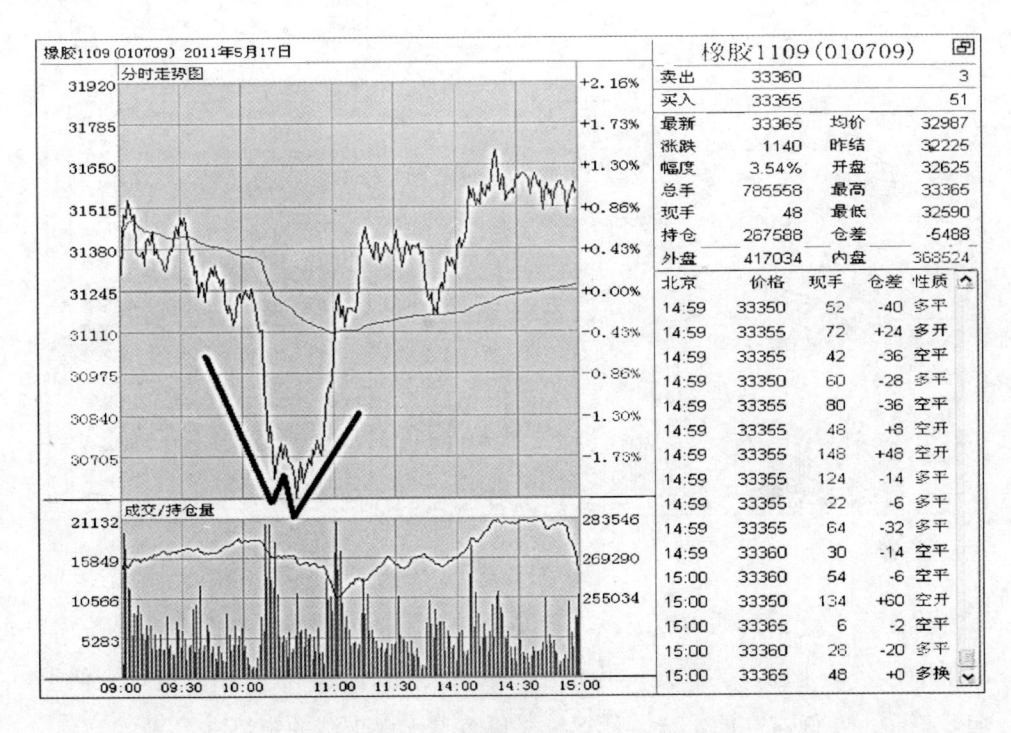

图 5-18

对于弱势 W 底形态进行操作，一定要求右侧低点的成交量是萎缩的，如果此时的量能继续放大，则意味着资金积极做空的态度依然没能改变，这是不能轻易入场进行做多操作的。而在价格创下新低的时候，成交量却出现了萎缩的状态，这说明资金此时做空的积极性明显降低，在缺少了资金配合的情况下，价格后期上涨的可能性也就会增大。

在形成弱势 W 底形态的时候，介入点最好在价格突破颈线的时候，而止损点则要在价格向下再度创新低的位置。

棉一 1109 合约（图 5-19）2011 年 5 月 10 日早开盘价格出现了连续下跌的走势，经过近半个小时的下跌之后，价格开始出现反弹。经过一番震荡，形成了一个标准的技术形态：W 底。这个 W 底是一个强势形态，是最具有操作价值的底部形态之一。

图 5-19

价格第一次反弹后再度下跌，但是第二次回落的时候，成交量明显萎缩，这说明价格的下跌动力不足。价格第二次回落的时候，低点相比前一个低点明显抬高，左低右高的走势，使得价格更容易出现上涨的走势。

在强势 W 底形态出现的时候，同样应当在价格突破颈线位的时候介入，而止损点也是要在价格创新低的时候离场。

PTA1109 合约（图 5-20）2011 年 5 月 31 日价格震荡下跌之后，于低点形成了波动幅度较宽的 W 底形态，这种技术形态比较特殊，在实战操作的时候需要多一些灵活性。

首先面对这样的走势投资者不宜在价格突破颈线的时候操作，因为在那个点位价格已经有了不小的涨幅，所以，应当在低点区间寻找介入点。在 W

图 5-20

底形成的时候，MACD指标率先形成了上升的趋势，指标的低点先于价格连续抬高，这使得价格具备了较大的上涨概率。得到指标配合的W底形态，投资者是应当考虑积极操作的。

在指标形成低点抬高并且第二个金叉形成的时候，投资者便可以入场进行做多的操作。只要价格没有创出新低，就可以一直持有手中的多单。

W底形态是一种常见形态，但是，它却充满了变化，因此，投资者需要结合具体的情况来进行操作。但操作的原则就是要在空头力量不大的情况下操作，尽量选择左低右高的W底以及有指标配合的W底形态进行操作。

第八招　如何回避上涨中途阴线的干扰

投资者询问：

在进行日内投机交易的时候，如果碰到价格连续拉阳线的走势，操作起来倒没有什么难度。但是，如果价格在上涨的过程中，夹杂着许多的阴线，我就操作不好了，十有八九会过早地进行了平仓操作。想问一下老师，在进行日内投机时该如何回避上涨中途阴线的干扰呢？

一阳解疑：

关于如何回避上涨过程中阴线的干扰，在前边已讲过了一个方法，那就是上涨过程中收出的首根阴线不要害怕，这个方法适用于日K线的操作，同样也适用于日内投机交易。

价格形成极强势上涨走势的时候，K线形态会非常简单，甚至如你所说一路拉阳线，碰到这样的走势，不见阴线根本没有必要考虑出局。但是，很多时候，价格上涨时都是阴阳夹杂出现的，阳线出现还好说，价格上涨持仓便可，但阴线出现时，谁也说不好哪根阴线将会是导致价格下跌的罪魁祸首。想要将低成本的多单持有到高位，就必须要过滤掉中途出现的阴线。

价格上涨的过程中，由于资金们都在积极地进行着做多的操作，所以，阳线多会是放量的。而当阴线出现的时候，由于没有资金做空，阴线往往都是缩量的。这是价格上涨时普遍具备的技术特征。

因此，要过滤上涨中途阴线的干扰，就需要从成交量的变化入手进行分析。再来想一个问题，完美的量价配合形态是什么样的？放量上涨无量调整，把这句话折开来理解，放量上涨可以针对一根根的阳线来说，而无量调整则可以针对一根根的阴线来说。这样一来，只要在价格上涨的过程中，阳线多保持放量状态，而阴线多保持缩量状态，这就说明量价配合非常完美，多头占据明显的优势，因此，便可以继续持仓。

豆油1201合约（图5-21）2011年6月3日价格在盘中出现了一轮连续上涨的走势，在上涨的过程中，出现了多次调整的走势，一次次出现的阴线对投资者的持仓都造成了一定的干扰。第一次没有把你吓出局，但第二次、第三次总会使你持仓的信心变得松动起来。想要获得更多一些的收益，就一定要学会回避这些阴线干扰的方法。

图 5-21

在价格上涨的过程中，从成交量的变化上来看有着这样明显的规律：阳线出现的时候，成交量均保持着放大的状态，这说明资金做多的积极性非常高，量能的放大为价格的上涨提供了足够的动力；而在阴线出现的时候，又整体保持着萎缩的状态（与阳线的放量相比较）。这就使得量价配合形成了：放量上涨、无量调整的完美形态。

量能的稳定必然会促使趋势的延续，所以，只要阴线出现的时候成交量始终保持着萎缩的状态，就不必过于担心，而是应当将缩量的阴线视为继续持仓的信号，没有资金入场做空，价格又怎会跌得下来？

橡胶 1109 合约（图 5-22）2011 年 5 月 30 日价格出现了震荡上涨的走势，在上涨的过程中，阴线与阳线交替出现。这样的 K 线形态会给投资者的持仓造成一定的压力，相信没有人会在持有多单的时候愿意看到阴线的连续出现。

虽然阴线会对持仓产生影响，但只要结合成交量的变化进行分析，便可以过滤掉一些干扰。从价格上涨时的量能来看，阳线始终保持着放量的状态，这说明资金做多的积极性较高，而当阴线出现的时候，基本上都形成了缩量

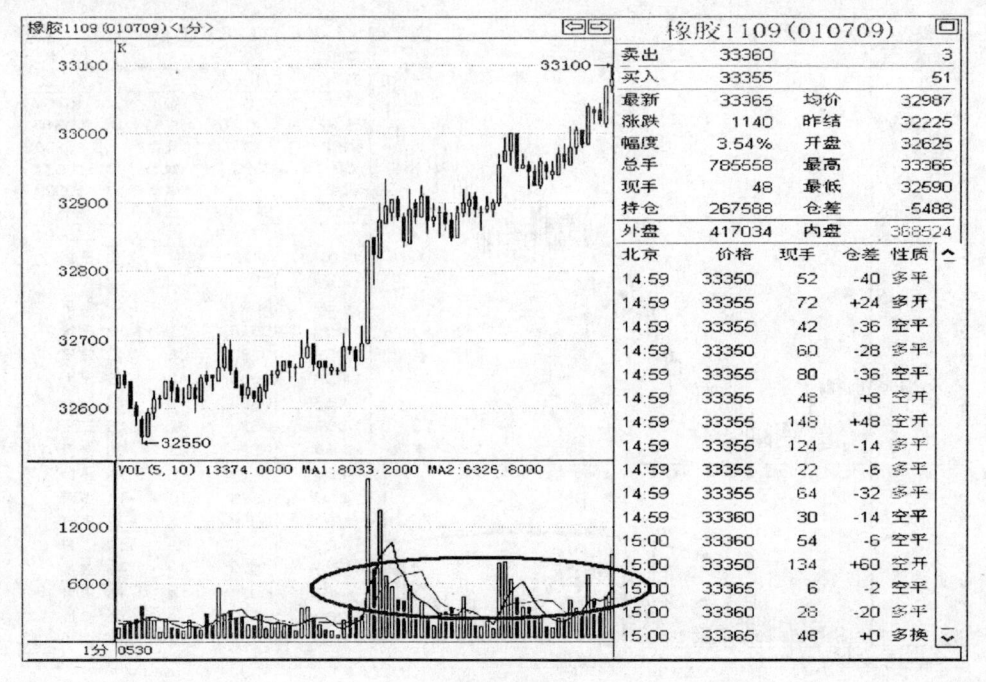

图 5-22

的状态，这说明场中资金做空的态度不积极。多方资金活跃，空方资金消极，价格上涨的概率自然会比较大。

量能的变化反映了资金的态度，与其关注阳线和阴线，倒不如通过量能去判断资金的态度，毕竟价格的涨跌要靠资金的推动，了解了资金的动向，K线是阴是阳就并不是太重要了。

棉一 1201 合约（图 2-23）2011 年 6 月 2 日价格在盘中出现了一轮涨幅较大的行情，较长的上涨周期使得价格震荡的次数也变得多起来，而一次次的震荡都是对投资者持仓能力的一次考验。

在价格上涨的过程中，每一根阳线都会带量出现，而每一根阴线都会伴随着缩量现象的出现。完美的量价配合在价格上涨的过程中始终没有改变，所以重视量能远比重视 K 线是阴是阳要有意义得多。

什么时候完美的量价配合形态发生改变，什么时候再考虑平仓。要么阳线的出现不再放量，要么阴线的出现明显带量，只要这两个技术条件未被满足，那就耐心持有手中的多单吧。

当然，在对量能进行分析的时候，也可以再结合移动均线或是布林线的

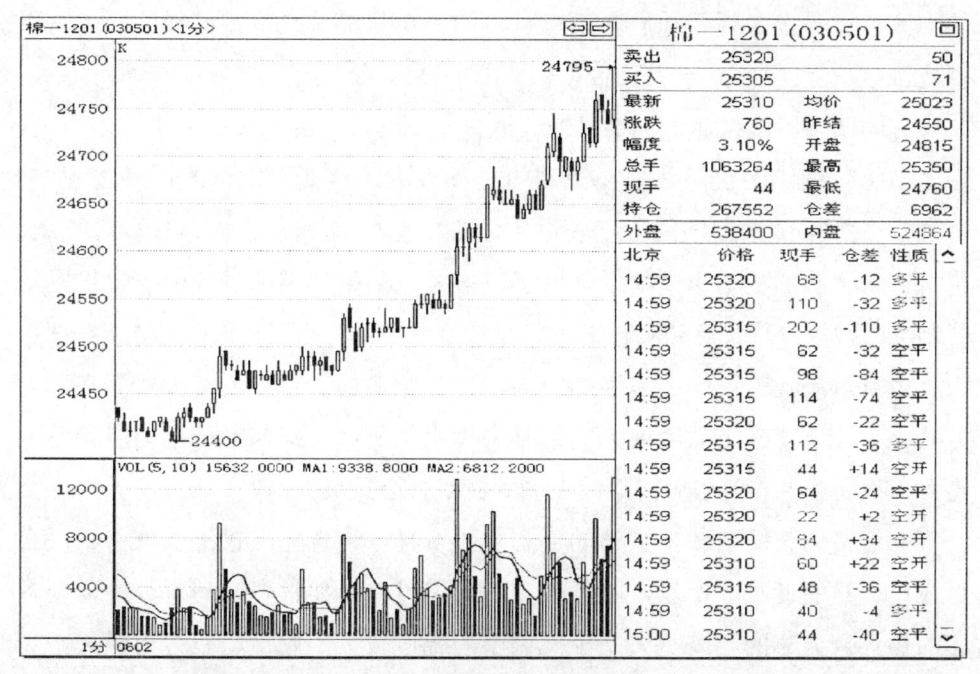

图 5-23

中轨决策平仓位。只要 K 线没有向下跌破均线或是布林线中轨，或是均线与布林线中轨没有拐头向下，都不应过早平仓。将量能与可以提示趋势的指标结合起来，分析的准确性又可以大大地提高。

第九招　从调整形态判断上涨概率

投资者询问：

在价格上涨的过程中，调整走势随处可见，有的调整出现后，价格又出现了新一轮的上涨，但有的调整出现之后，价格却慢慢地转为下跌。我始终觉得应当可以通过调整的走势判断出价格未来上涨的概率，但自己一直没有总结出这个方法。不知道我的这个想法是不是正确，希望老师给予提示。

一阳解疑：

你的想法完全正确。在价格上涨的时候，我们不仅要始终了解多方此时的力度状态，也必须要知道对手（空方）的力量状况，只有知己知彼，才可以百战百胜。

有的调整出现之后，价格又继续展开了上涨，这说明多方力量非常强大，而多方力量强大不仅只体现在上涨的过程中，还体现在价格的调整过程中。上涨后，如果价格调整的幅度较深，这说明空方有一定的能力与多方抗衡，价格未来上涨的概率也就随之降低了。但是，如果调整的过程中，价格回落的幅度非常小，这又意味着什么呢？自然意味着空方很弱，而多方强大。

多空对局就是这样：多强则空弱，空强则多弱。对于上涨行情而言，多方的强大体现在：上涨力度大，调整力度小。所以，那些形成小幅度调整的走势，往往意味着价格后期继续上涨的概率将会是极大的。

在价格调整的时候，具体的形态多种多样，谁也无法预测出价格到底会形成什么样的调整。所以，对于调整的形态没有必要浪费时间研究，需要关注的焦点是调整的幅度是大是小。调整的幅度较大，则说明空方力量大，调整的幅度小，则说明多方的力量大。

因此，当价格出现调整走势的时候，那些回落幅度较小的走势，必须要引起重视，因为价格往往会在调整过后再来一波上涨行情。从调整的幅度判断多空双方的力度，从而就可以找到价格是否会上涨的答案。

棉一1109合约（图2-24）2011年5月31日价格在盘中出现了一轮大幅上涨的走势，在价格上涨的过程中，出现了多次调整的走势。从后期的走势来看，这些调整走势的出现不仅没有影响上升趋势的延续，反而对上涨起到了促进的作用。那么，这些调整的走势都有什么样的技术特征呢？

对比上涨的走势来看，这些调整走势出现的时候，回落的幅度都非常小，调整幅度小意味着空方力量小，空方力量小那就意味着多方力度大，因此，价格继续上涨的概率必然会很大。

如果空方力量很大，价格又怎么可能会只出现这么小的跌幅呢？所以，当小幅度调整走势出现的时候，应当将其视为是机会到来的信号。

图 5-24

橡胶 1109 合约(图 5-25)2011 年 5 月 24 日价格出现了一波连续上涨的走势，在价格上涨的过程中，先后两次出现了调整的走势，但每一次调整过后，价格都出现了新的上涨行情。可见，通过对这两次调整进行分析，便可以轻松地把握住价格后期上涨带来的盈利机会。

多空力度如何对比呢？这就要看谁能够促使价格波动的幅度大。这样一经对比便可以看出，价格上涨的幅度远大于调整的幅度，很显然，多强空弱，在这种多空局面下，价格上涨的概率自然会比较大。

价格的涨跌就是多空对峙的结果，因此，从涨跌的幅度进行对比，便可以确定价格上涨概率的大小。在调整幅度小，价格上涨概率大的情况下，对于调整区间的走势，都应当视为是做多机会的到来。

白糖 1109 合约(图 2-26)2011 年 6 月 3 日价格出现了震荡上涨的走势，在上涨的中途出现了一次较大幅度较长时间的调整。这样的调整形态因为改变了之前的上升趋势，所以，不能针对局部走势判断价格调整幅度的大小，而是应当对整体走势进行分析。通过对比之前两波的上涨走势来看，上涨中途的调整幅度其实并不是很大。

图 5-25

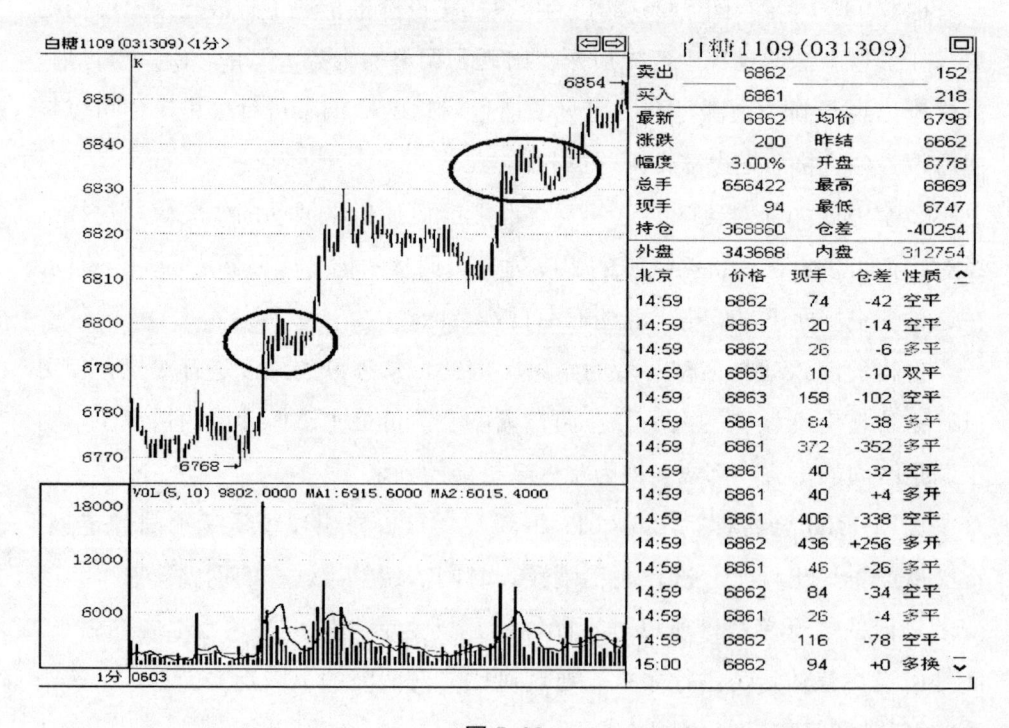

图 5-26

在具体的细节波动过程中,图中圆圈处调整的幅度都是非常小的,通过对比确定了多空双方力度大小之后,就应当密切留意调整走势将会带来的盈利机会。

从正常的角度来讲,价格调整出现之后,回落的幅度越小,并且调整的周期越短,价格后期上涨的概率就会越大。如果同时再结合成交量与整体盘面的多空状态进一步分析,则更可以提高分析的准确性。在价格上涨的时候放量,调整的时候缩量,调整的幅度又浅、周期又短,整体盘面又处于明显多头状况的时候,价格上涨的概率基本上就可以达到90%以上。

第十招 反弹开始谁是最好的目标品种

投资者询问:

在价格盘中连续下跌之后,并且具备了底部技术特征的时候,此时应当进行抄底的操作,以期价格出现反弹以后实现盈利。因为盘中相关品种的分时以及分钟K线特征都比较接近,在这种情况下,该如何确定比较合适的目标品种呢?

之前在日K线图的讲解中,老师提到选择KD数值较低的,这个方法同样是否适用日内操作呢?

一阳解疑:

在日K线图中价格下跌到底部之后,在确定板块中适合的目标品种时,应当选择KD数值最低的品种进行操作。这个思路同样适用于日内投机操作,同样可以用这种方法确定目标品种。当然,在抄底做反弹确定目标品种时,不仅只有这一个方法,我再讲解另一种确定目标品种的技巧。

价格日内连续下跌具备底部特征之后,有两种操作的思路,第一种就是选择位置最低的品种操作,因为位置越位的品种反弹形成的时候,从理论上来讲,跌得多深弹得多高;第二种思路是选择超跌中的强势品种进行操作。

超跌中的强势品种是一个比较独特的思路，它是指：从整体走势来讲，价格的下跌具备了超跌的技术特征，在底部特征明确之后，价格反弹上涨的概率将会是非常大的。按说超跌很难配合强势一起出现，因为价格已形成了下跌的走势，又何来强势呢？超跌指的是整体走势，而强势则是针对局部走势，也就是说在整体具备超跌迹象的时候，在价格下跌的低点区间具备强势特征。这个强势特征是对比的结果，是将目标品种与板块中其他品种的走势对比，在其他品种出现破位下跌的时候，目标品种则提前见底形成低点抬高的走势。

如果价格下跌以后的底部 K 线形态基本一致，没有出现谁破位谁拒绝破位的现象，这就需要从反弹的走势中去确定谁的多头强势特征更加明显一些。具体的方法就是看谁可以率先越过重要的压力位或某些重要的位置。

总结来说，在价格连续下跌具备了底部特征之后，其他品种还没有明确的见底迹象，目标品种已率先形成止跌迹象，这样的走势就是最理想的操作目标。抄底做反弹为的是做多实现盈利，而下跌之后更容易实现盈利的，自然就是提前见底的目标品种。如果没有出现这种技术特征，那就再把反弹开始时的 K 线形态进一步进行对比，从而确定谁的多头迹象更明显。

L1109 合约(图 5-27)2011 年 5 月 31 日价格连续下跌在低点形成异常巨量之后，价格出现了反弹上涨的走势。低点的异常巨量成了价格反弹上涨的重要技术原因，这是价格波动见底时常见的一大技术特征。

从底部的 K 线形态来看，价格见底的时候明显形成破位的走势，在价格波动有了明显的底部特征之后，应当再对同板块中其他品种的走势进行对比，以此确定更为合适的目标品种。

PTA1109 合约(图 5-28)2011 年 5 月 31 日价格下跌之后，形成了与 L1109 合约很相似的 K 线形态，这是板块波动的常见规律：价格涨跌时高度的关联性。

从细节的走势来看，PTA1109 合约虽然也形成了破位的走势，但相比 L1109 合约却依然具备明显的强势特征，破位只是瞬间形成，而后拉出了较长的下影线，并不像 L1109 合约那样以一根实体略大的阴线形成破位。

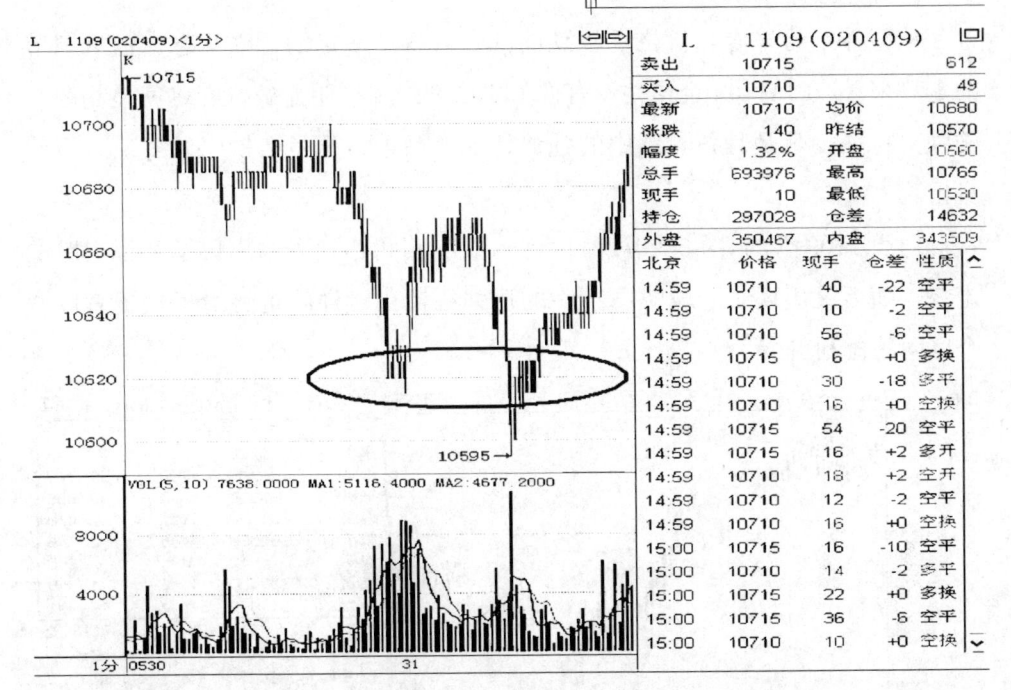

图 5-27

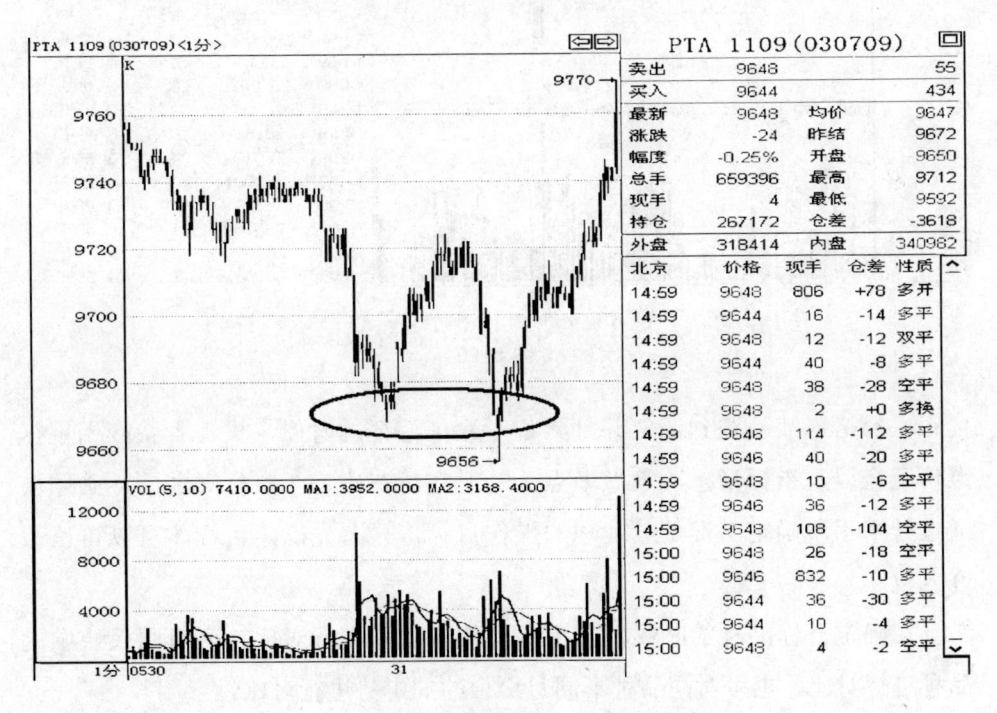

图 5-28

从整体走势来看，价格于下跌的低点具备了一定的超跌状态，但从细节的走势来看，PTA1109合约并没有像L1109合约那样明显破位，这就是超跌中的强势特征。凡是具备超跌中的强势特征的品种，都是在抄底做多最合适的目标。

棉一1109合约(图5-29)2011年5月17日价格在盘中出现了大幅下跌的走势，随后又出现了一轮幅度不小的反弹行情，这样的走势给了投资者以两个方向的盈利机会。

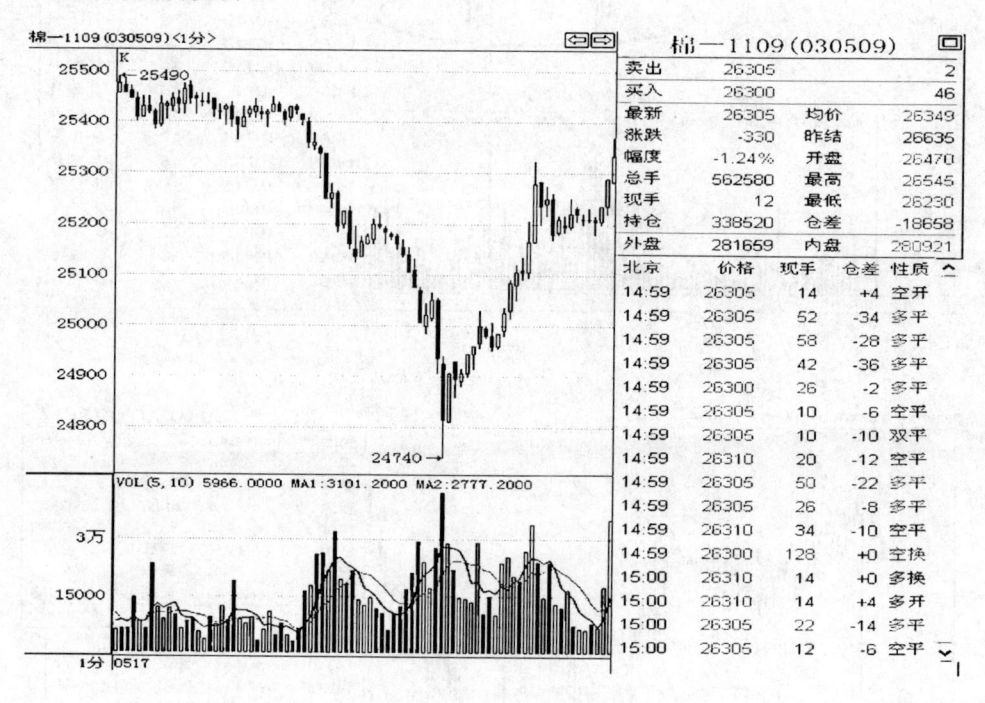

图 5-29

在价格连续下跌到低位并且具备了底部特征的时候，投资者就应当根据量价配合以及指标形态决策做多点位的所在。在确定买点位置之前，必须要通过技术手段确定出谁是最理想的操作目标，只有先确定目标才可以再决策介入位。

在确定目标品种的时候，应当多与相关品种进行对比，可对同板块中的品种进行对比，也可对同品种不同月份合约的走势进行对比。

棉一1201合约(图5-30)2011年5月17日价格在盘中形成了与棉一1109合约同样的走势，两者趋势方向在同一时间完全一致，此时应当如何确定谁是最理想的目标对象呢？

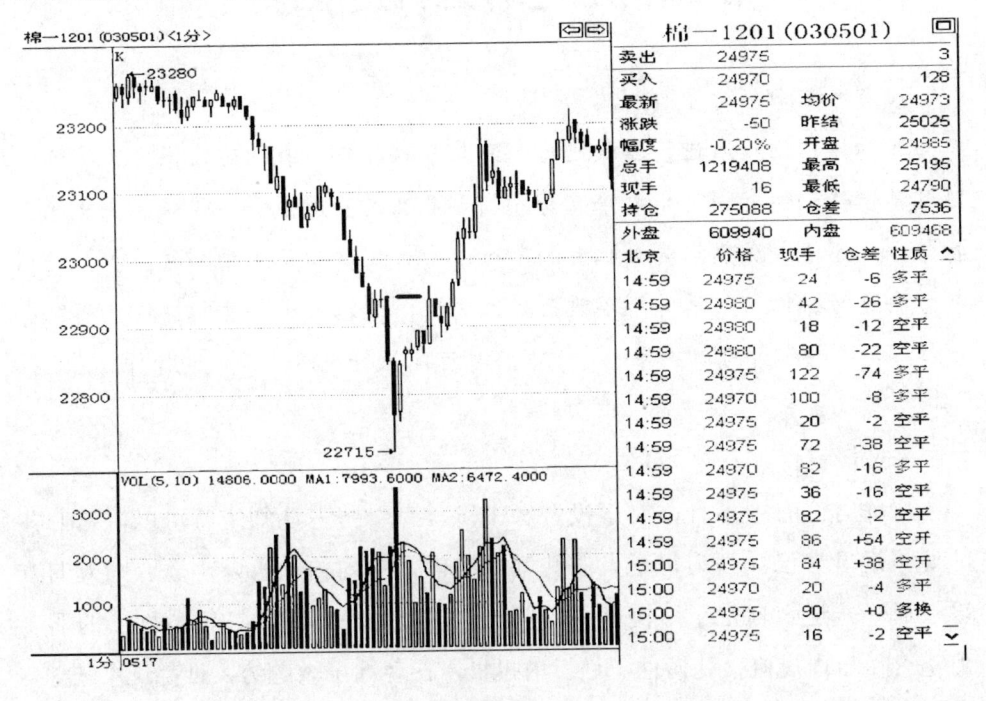

图5-30

从低点的K线形态来看，棉一1109合约与棉一1201合约的走势相差无几，但是，从第一轮的反弹走势中却可以发现两者的不同之处：棉一1201合约第一轮反弹已吃掉了下跌过程中的最后两根阴线，而棉一1109合约则并未吃掉最后这两根K线，这就是细节上的差别。

做反弹的时候，既要求价格达到超跌状态，又要求价格最好具备一定的强势特征。这两个品种都符合了超跌的要求，而第一轮的反弹则使得棉一1201合约的多头强势特征更明显一些，因此，它才是最合适的目标品种。

第十一招　怎样进行追涨操作

投资者询问：

我的操作比较激进，喜欢进行追涨与杀跌操作。有的时候操作正确可以赚到不少钱，但有的时候也很容易亏损。虽然也实现了一些收益，但总觉得操作方法还不太成熟，要么胆大的不行，要么又提心吊胆的。也曾尝试过别的方法进行操作，但总觉得不适合我。所以，就想激进一些的操作技巧能有所提高，希望老师可以指导一下，怎样才可以做好追涨与杀跌的操作。

一阳解疑：

操作方法有很多种，对于投资者来讲，有一些方法知道就可以，它们并不见得适合自己。因为每个人的脾气性格都是不同的，所以，适合别人的方法就不一定适合自己了。慢性子的朋友可以多做一些趋势，而急性子的朋友则适合做日内投机，让慢性子做日内投机，让急性子做趋势，谁都玩不转。

追涨与杀跌操作的确是一种比较容易实现较大收益的交易方法，特别是在价格快速涨跌的时候，这种方法介入点位其实很容易确定，主要运用的就是突破的方法，所以，介入位完全可以提前确定出来。但为什么投资者玩不好呢？原因就是没有全面掌握这种方法的操作要素。

激进地追涨杀跌操作必须要在价格波动幅度较大的市场中进行，如果价格波动都比较小，你刚追涨价格就可能停止上涨了。那什么样的市场价格波动幅度才大呢？自然是多头力度较强或是空头力度较强的市场，只有在这两个市场中价格才会长时间延续涨跌的走势。所以，进行追涨或是杀跌第一件事就是一定要重视整体市场的力度状态，只有在多方或是空方力度强大的情况下才可以运用这种方法交易，而不是在什么情况下都可以使用这种方法。

而后要确定目标品种在板块中的地位，进行追涨操作只能针对龙头品种进行，而绝不能对跟风上涨的品种进行（因二者方法完全一致，追涨的方法反

第五章 各类价格波动常见交易技巧

过来就是杀跌的方法，故此下文只以追涨方法为例讲解）。龙头品种具有引领行情方向的能力，有带动同板块甚至所有品种上涨的能力，它是多头资金主要的操作对象，所以，涨幅往往是比较大的。而跟风品种则总是跟在龙头品种屁股后头跑，它的涨幅是比较小的，并且上涨的延续性比较差，因此，不适合进行追涨操作。

最后就是要关注上涨波数以及成交量的变化。最好不要在价格已经出现了数波上涨之后依然进行追涨操作。虽然数波上涨可以更加明确价格的多头迹象，但由于涨幅已大，就算跌不下来，后期的上涨空间也有可能会不大，所以在上涨初期进行追涨操作是最好的。进行追涨操作是绝对的投机行为，因此一定要在放量区间进行操作。在无量区间最好保持克制，因为价格脱离了放量的配合则很难持续性上涨。

将以上几种方法结合在一起，便可以提高追涨操作的成功概率。总之一句话就是：既然追涨，就一定要在多头力度大的情况下去追，在多头力度较小的时候追涨，效果就不是太好了。

图 5-31

沪铜1108合约(图5-31)2011年6月7日价格形成了上下震荡的走势，从总体走势来看，涨跌的幅度都比较小，对于这样的走势很显然不适合采取追涨或是杀跌的方法进行操作。特别是在价格上涨或是下跌的过程中，成交量也并没有形成密集性的放量，在资金操作并不活跃的情况下，如果进行追涨操作，获得较高收益的难度还是比较大的。

同板块中的沪锌1108合约(图5-32)2011年6月7日价格在盘中的表现比沪铜1108合约好很多。特别是上午的时候，无论价格是涨还是下跌，分时线都非常流畅，而不像沪铜1108合约那样分时线一整天都曲曲折折的。

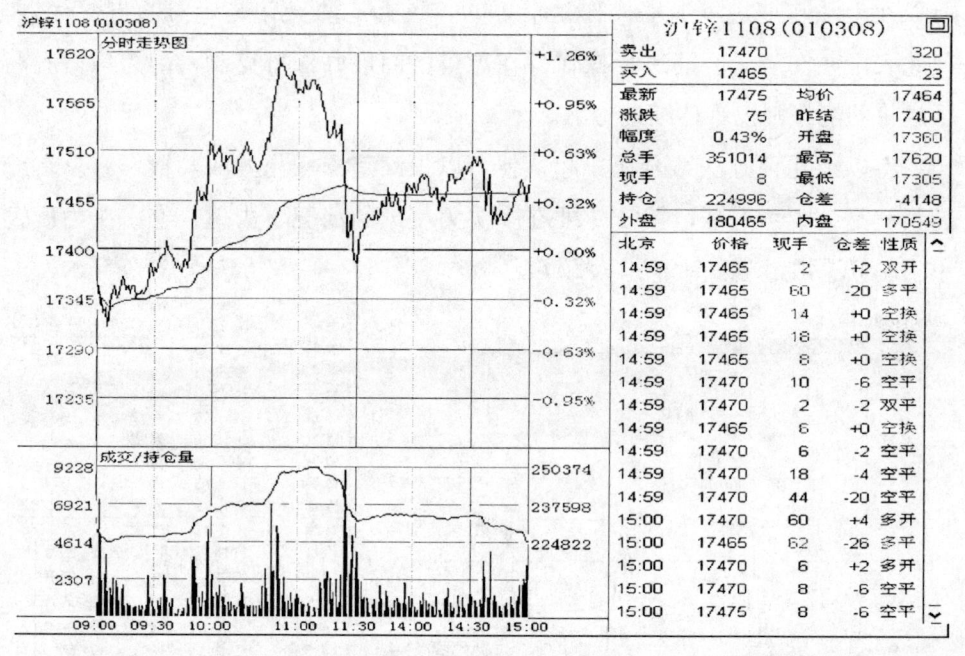

图 5-32

在价格上涨的过程中，成交量均保持着放大的状态，资金的操作较为活跃，因此，在价格涨幅并不是很大的情况下，结合放量进行追涨操作很容易实现盈利。那么，沪锌1108合约是不是有色金属板块中最值得进行追涨操作的对象呢？这还需要再进行一下对比。

沪铝1108合(图5-33)约2011年6月7日的涨幅是有色金属板块中最大的。这意味着它才是该板块的多方龙头品种，找到了谁是龙头品种，那么，投资者就应当将目光聚集在它的身上。

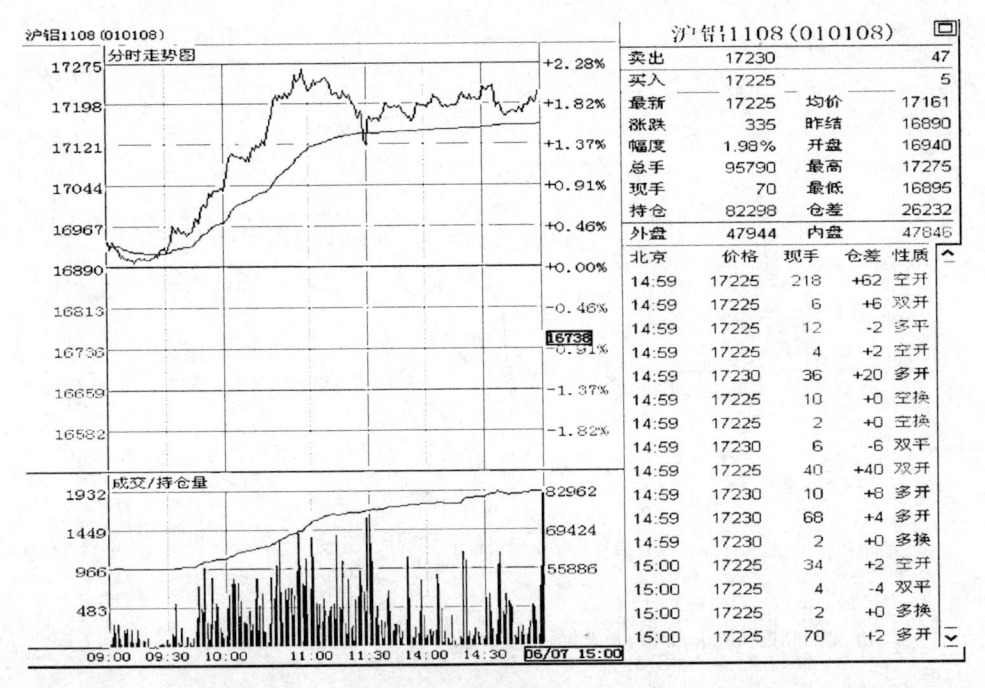

图 5-33

在沪铝 1108 合约上涨的过程中，成交量形成了更为完美的放量现象，连续不断地放量意味着资金做多的积极性异常高涨。量能的活跃也使得分时线形态更加流畅，并且价格在上涨中途的调整幅度也都很小，这进一步说明了多方力度的强大。

追涨操作就要选择多方力度最大的品种。找到了目标，再结合上涨的波数以及成交量的变化尽量在价格上涨的初期入场做多，便可以很轻易地实现较高的收益。

PTA1109 合约(图 5-34)2011 年 6 月 7 日价格杀跌到低点后开始连续上涨，在上涨的过程中，分时线的形态较为强劲，从这个角度来看，进行追涨操作的确有获利的机会。但是它是能源化工板块中最适合追涨的目标品种吗？不经对比无法得知答案。

橡胶 1109 合约(图 5-35)2011 年 6 月 7 日价格波动的分时线与 PTA1109 合约(图 5-34)非常接近，但是，从价格的涨幅情况来看，橡胶 1109 合约无论何时的涨幅都大于 PTA1109 合约，这说明橡胶是龙头品种，而 PTA 是跟风品种。从价格波动的属性来讲，橡胶必然是最适合进行追涨的品种。

163

图 5-34

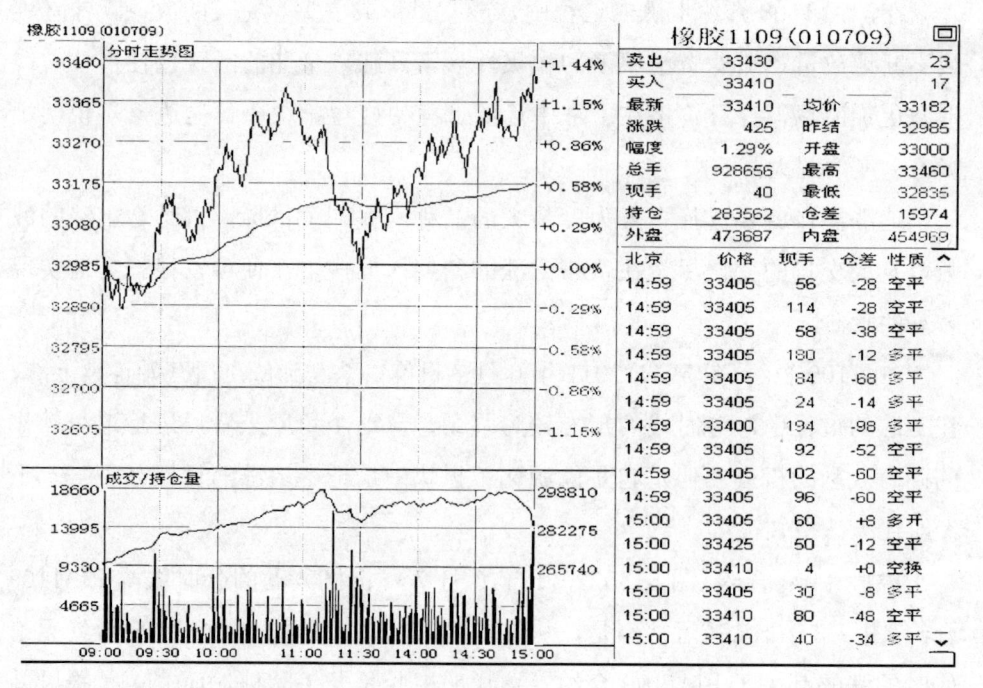

图 5-35

在进行追涨操作的时候，并不是说什么位置出现上涨都可以追，在价格连续数波上涨之后如果再进行追涨，那将会很容易出现亏损。所以，追涨一定要在上涨的初期进行。而上涨初期的技术特征就是：价格只出现了一波或二波上涨，或是成交量只形成了一堆或二堆放量。在这种情况下，因为价格的上涨空间还并没有透支完毕，所以，价格继续上涨的概率很大。因此，这时追涨是最容易实现盈利的位置。

追涨操作要么在价格形成突破新高的时候进行，要么在上涨的过程中做多，具体的介入位根据投资者的自身情况不同，也是比较灵活的。只要把握了以上几个原则，其实具体在哪里介入就并不太重要了。只要确定了价格波动的龙头属性，确定了整体盘面的多头力度，确定了涨的波数以及成交量的变化，在价格上涨的初期或中期任何位置介入则都可以实现盈利。

第十二招　如何预测上涨将会结束

投资者询问：

在价格上涨以后，将会面临上涨的暂时或是上升趋势的结束，通过技术指标的提示可以判断出价格上涨的停止。但听老师讲，量价分析不离家。那么，在价格上涨将有可能暂时或彻底结束的时候，成交量方面又会有哪些提示呢？

一阳解疑：

预测价格何时将会结束上涨，对于投资者来说是一个必须要掌握的分析方法。这种方法可以帮助投资者决策出平仓的位置，以及做空的操作位置。判断价格上涨将会结束有很多种方法，比如指标的死叉或触及重要压力区间等，但是最有效的方法还是应当从成交量的变化中去寻找答案。

成交量是价格上涨的动力来源，无论是价格的上涨还是下跌，只要成交量能够配合放大，涨跌的幅度都必然会较大。而一旦在价格上涨的时候成交量连续减少，这将说明资金做多的积极性开始降低，在价格缺少上涨动力的情况下，也就很容易形成上涨走势的暂时或彻底的结束。

因此，在价格形成放量上涨走势以后，一旦成交量开始连续萎缩，这就是价格上涨将要暂停的信号。至于是暂时性的结束还是完全的结束，还需要通过整体盘面的多空性质做出判断。

另一种判断价格上涨将会结束的方法之前曾多次讲解过，就是利用上涨高点的异常巨量进行判断。一旦价格上涨之后，在高点处形成异常巨量，并且又马上形成明显的缩量迹象，在资金交易出现分歧的情况下，价格就很容易形成上涨结束的现象。

橡胶1109合约（图5-36）2011年5月10日价格震荡下跌之后形成了放量上涨的走势，这说明资金转变了操作的态度反手做多，在量价配合保持较好状态的时候，投资者应在放量区间积极参与做多的操作。

第一轮上涨过后，成交量由放量转变成了连续的缩量，此时的缩量说明资金做多的积极性开始降低，没有资金继续推动，价格将会很容易出现回落的走势。所以，连续放量之后的缩量是价格上涨将会停止的信号。

图 5-36

经过一段时间的调整之后，价格再度上涨，之前的高点并没有形成当天的最高点。可见，本案例中量能的萎缩只是提示了局部高点的所在，至于价格后期是否会继续上涨，还需要通过成交量进行分析。如果量能萎缩之后可以继续放大，则还会出现一轮上涨，但如果成交量始终保持萎缩，价格也就很难再继续上行。

沪锌1108合约(图5-37)2011年5月25日在价格上涨的过程中，成交量始终保持着放大的状态。这说明资金在盘中进行着积极地做多操作，在成交量没有萎缩迹象的时候，应当坚定持有手中的多单。

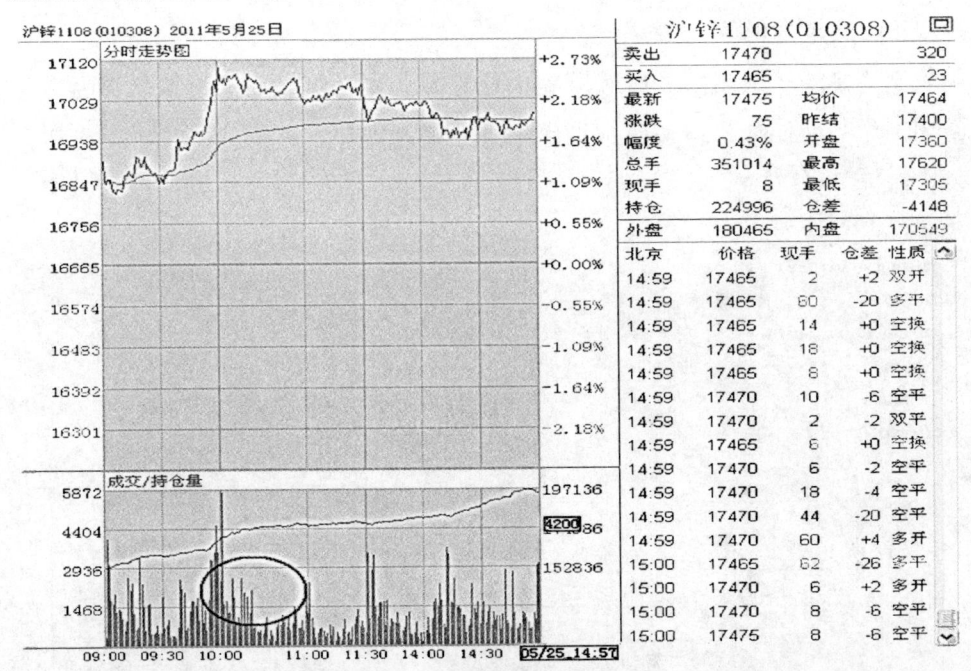

图 5-37

一波放量过后，成交量开始出现连续的缩量现象，这意味着价格的上涨开始缺少动力。此时需要留意价格随时会出现的调整走势，在放量后的缩量区间，最好先将多单平仓出局，而后等待新的操作机会。

这一轮缩量出现后，下午虽然成交量有放大的迹象，但是，对应的价格却是向下回落，因此没有了任何做多的机会(盘中资金的操作态度转向做空)。虽然通过放量后的缩量判断出了价格当天最高点所在，但投资者不能把放量后的缩量就视为是当天最高点的提示信号，因为谁也无法提前得知资金是否

167

还会在后期继续入场做多。因此，放量后的缩量形成时，先行平仓多单，而后视后期的量价配合形态再决策新方向的操作。

豆油1201合约(图5-38)2011年5月30日在上涨到高点区间以及下午震荡下跌的时候，形成了多次局部高点的走势，虽然价格所处的位置各不相同，但是成交量的变化却有着高度的共性。

在价格形成高点的时候，成交量均形成了明显放量现象，此时的放量是之前量能的数倍，这说明资金在这一刻交易的分歧比较严重。放量过后又很快形成了缩量，这说明没有资金继续推动价格的上行，因此，形成高点也就是很正常的技术现象。

无论是连续放量后的持续萎缩，还是高点异常巨量后的缩量，都因为资金的不作为而促使价格暂时或彻底结束上涨的走势。不踩油门了，车自然会停止前进。

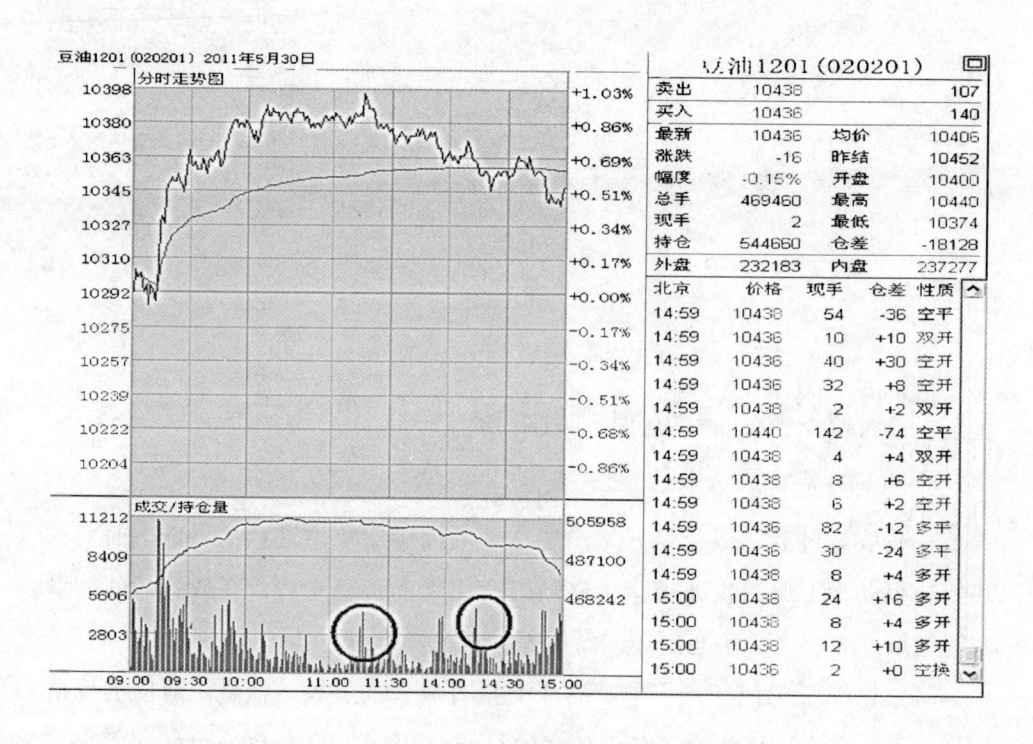

图 5-38

第十三招 下跌趋势突然逆转的解决方法

投资者询问：

最近在操作的时候碰到了这样的问题：价格明明形成了很明确的下跌趋势，并且整体盘面趋空，在价格下跌反弹的时候，根据均价线压力、KD指标高数值、布林线中轨压力做空。但是，价格却形成了完全的逆转走势，上涨将下跌波段完全吞没，从而造成了较大的投机亏损。这种下跌趋势中突然出现的逆转走势该如何把握做空点位呢？

一阳解疑：

在价格形成明确下跌趋势，并且整体盘面趋空的时候，的确是应当进行做空操作的，这一点无须怀疑，思路也是绝对正确的。而在此时，你运用的方法也很正确，利用均价线压力做空，利用KD指标高数值做空，利用布林线中轨压力做空，这些都是常用的做空方法，本身也没有任何错误。

但为何有的走势到达这些位置便再度下跌，而有时价格却突破这些位置继续上涨，并吃掉全部下跌波段呢？这就要从成交量的变化入手进行分析了。

在下行趋势明确以及盘面明显趋空的时候，利用以上技术做空，对反弹形成时的量能是有要求的，价格反弹的时候必须要形成缩量。反弹缩量一则说明没有资金积极入场进行做多操作，二则说明之前介入的做空资金并未在反弹时大量平仓，因此，价格缺少继续上涨的能力，所以，很容易出现回落的走势。

但是，如果价格在反弹的过程中，形成明显的放量，这将意味着有资金在场中进行积极地做多操作。因此，价格到达压力位时并不会回落，而是会直接突破上去，从而吞没整个下跌波段，形成趋势的逆转。

量能的变化是这种走势分析的重点，所以，只能对那些无量反弹的走势使用以上方法做空。而对于放量反弹（上涨）的走势就不适合再用以上的方法进行操作了。

L1109 合约(图 5-39)2011 年 6 月 9 日开盘后价格略做上冲便形成了下跌的走势,一旦分时线位于均价线下方,就应当及时将操作思路调整成为做空。因为分时线位于均价线下方的时候,价格下跌的概率将会大于上涨的概率。

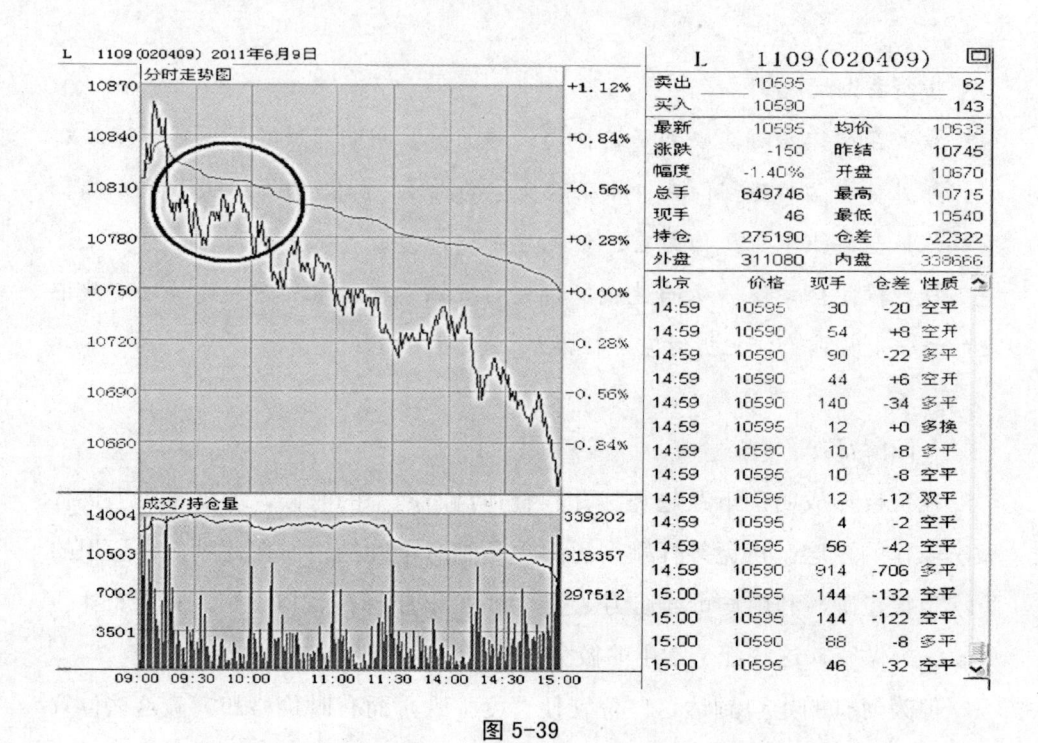

图 5-39

一轮放量杀跌后过,价格出现反弹的走势,在反弹形成的时候,成交量明显萎缩,这说明没有资金愿意参与此时的上涨,在价格缺乏上涨动力的时候,将会很容易再形成继续下跌的走势。

因为反弹是无量的,所以,可以在分时线受到均价线压力的时候做空,也可以在 KD 指标高数值或是布林线中轨起到压力作用的时候做空。下跌反弹形成时的量能变化,将直接决定着操作方法的运用。

橡胶 1109 合约(图 5-40)2011 年 5 月 17 日开盘之后形成了连续下跌的走势,分时线多数时间位于均价线下方。并且在下跌的时候,成交量还明显放大,面对这样的走势,保持看空的思路肯定没有任何问题。

图 5-40

价格放量下跌之后，开始出现反弹，但此时的反弹并没有缩量，而是形成连续放量的现象。放量上涨说明此时有资金在进行着积极地做多操作，所以，均价线的压力不可能起到阻止价格上涨的作用。一波放量将分时线推到了均价线的上方，此时又该如何操作呢？自然要在分时线位于均价线上方的时候考虑做多。

如果价格在反弹的时候是缩量的，当分时线到达均价线压力位、布林线中轨以及 KD 指标高数值时均可做空。但形成放量反弹走势时，在资金积极做多的情况下，则不宜再使用这些方法。

棉一 1109 合约（图 5-41）2011 年 5 月 10 日开盘之后，价格便出现了快速下跌的走势，在下跌的过程中成交量的明显放大，以及无力的反弹都说明空头比较强，这一期间坚定做空的思路是完全正确的。

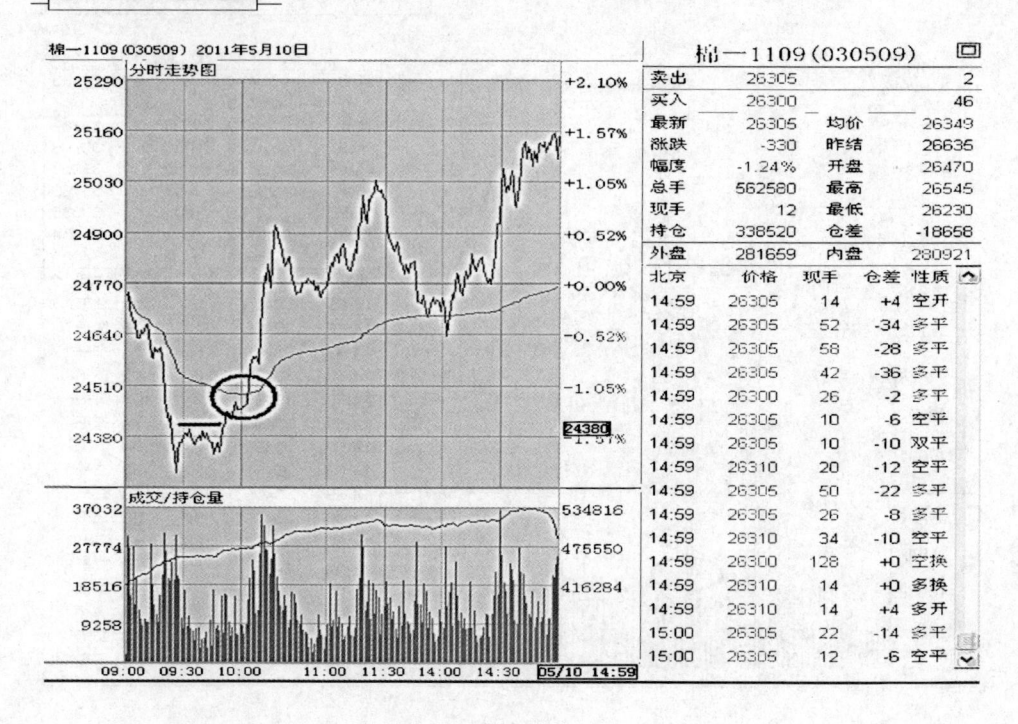

图 5-41

　　一波放量杀跌过后,价格于低点形成反弹的走势,在初期反弹的过程中,成交量明显萎缩,如果量能一直保持萎缩那必然是要继续入场进行做空操作。但是,随着反弹的延续,成交量开始逐渐放大,并且形成放量突破均价线压力的现象,无量反弹演变成为放量反弹,如果手中持有空单,此时必须要进行止损操作。

　　成交量的连续放大使得价格将下跌波段完全吞没,在分时线位于均价线上方,并且上涨得到放量配合的时候,应当转变操作的思路(由空转多)。

　　通过以上几个案例可以看出:当下跌后形成无量反弹的时候,价格的波动将会提供又一次做空的机会。但是,如果形成放量反弹的走势,价格的下降趋势则很容易逆转。

第十四招　上涨后长时间窄幅震荡的操作技巧

投资者询问：

价格在上升趋势明确形成之后，如果出现周期较短的调整走势，操作的难度是比较小的。但是，有些时候，价格上涨后形成了很长时间的盘整，并且分时线始终保持着极小的幅度进行震荡，此时没有任何机会进行投机操作。对于这种上涨后长时间窄幅震荡的走势该如何进行操作呢？

一阳解疑：

相信通过学习，价格短时间调整以及调整形态简单一些的走势，大家都知道该如何去做了。但是，调整形态是最多变的，各种各样的走势让人无法参透。所以，在这个时候，就不要过于在意调整的形态到底如何，而是应当去了解调整的性质，价格波动的性质远比具体的形态更为重要。

上涨之后长时间窄幅横盘震荡走势的性质是什么呢？首先，它出现于上涨走势之后，这意味着价格的波动具备明显的多头迹象，所以，总的思路是继续进行做多操作。其次，窄幅震荡意味着价格在上涨之后始终跌不下来，这又意味着什么呢？自然是空方力度较弱，无力将价格打下来，这也是多头力度较大的一种体现。最后，要再看一下横盘震荡时的位置，上涨之后的窄幅横盘必然对应着分时线位于均价线上方现象的出现，而分时线位于均价线上方，这本身就是一种多头形态，自然要继续看多与做多。

因此，在价格上涨之后形成的长时间窄幅震荡走势，操作的思路就是做多。从操作思路的角度来讲，这种形态很容易把握，但在实战操作中，它的难点在于：价格长时间的不涨很折磨投资者的信心，同时，介入点只能被动地等待，而不适合主动性地介入，因为谁也不知道价格要调整多长时间，所以，只能在价格具备调整结束迹象的时候再入场操作，这个等待的过程滋味并不好受。

沪铜1108合约(图5-42)2011年5月13日价格开盘后略做下冲便形成了明显的多头状态，第二次创出新高之后，分时线形成了长时间震荡的走势，从震荡的幅度来看，价格上下波动的空间非常小，就算进行日内投机操作也较难把握比较合适的介入位。

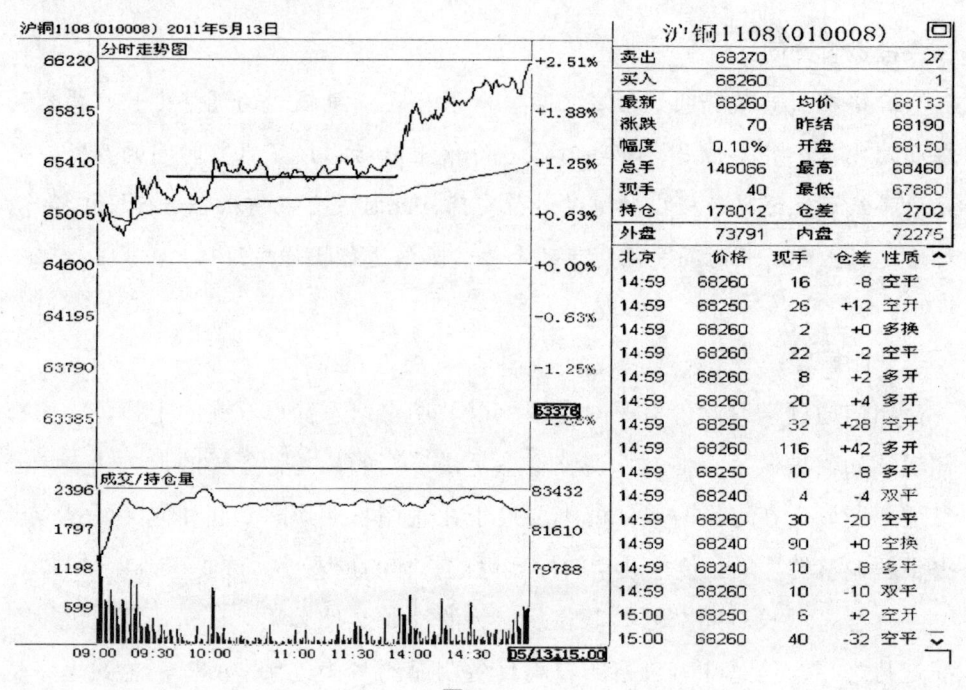

图 5-42

价格虽然长时间没有上涨，但此时必须要对价格的波动性质进行定性，以便确定出未来的操作策略。从价格窄幅震荡的位置来看，它出现于上涨之后，并且调整低点位于前高点上方，再加上分时线位于均价线上方，所以，可以确定此时的调整属于多头调整性质。

既然是多头调整性质，那么，价格后期上涨的概率就会比较大，对于这种形态介入点位的确定其实也比较简单，只要形成放量现象便可以考虑入场做多。因为在成交量放大的时候，价格也往往会形成突破的走势，一旦突破走势形成便意味着调整的彻底结束。

L1109合约(图5-43)2011年5月26日价格开盘之后便出现了连续上涨的走势，一波放量上涨之后，分时线形成了长时间窄幅波动的走势，在这一区

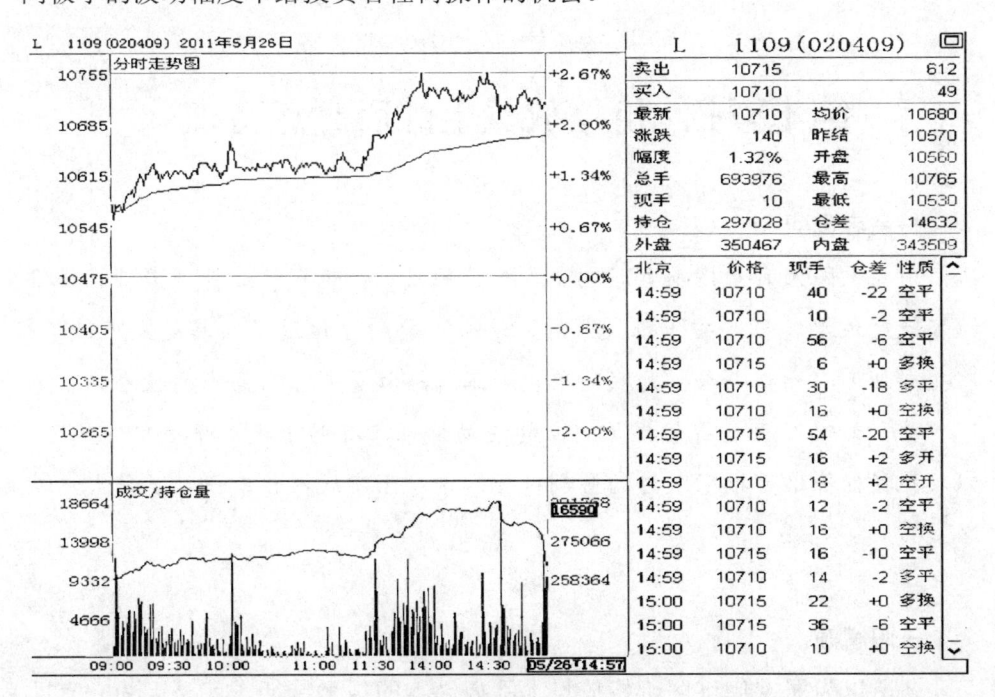

间极小的波动幅度不给投资者任何操作的机会。

图 5-43

从价格调整的周期来看，时间非常长(近一个半小时)，这么长时间价格没有任何趋势，对投资者来说真是一种折磨，后期该如何操作这应当是一个最大的问题。从调整的位置来看，出现于上涨之后，并且分时线始终位于均价线上方，价格的调整具备明显的多头迹象，后期上涨的概率将会大于下跌的概率。

在价格横盘区间，一方面价格波动往往很小，另一方面成交量常处于萎缩状态，因此，不适宜在该区间入场操作。最好的介入点就是等待放量现象的出现，一旦成交量放大，则意味着资金开始再次入场做多，在资金介入的情况下，价格自然也就容易再来一波上涨行情。

在价格形成长时间调整的时候，如果波动重心始终不下移，这就直接说明了多空双方力度的对比，在多头占据上风的时候，满脑子应当想着是如何做多。

第十五招 价格放量上涨后高点特征

投资者询问：

前些天因为有事情没有时间参加老师的培训，听别的朋友说老师在讲价格高点的波动特征，心中很是着急，这么重要的课错过了，真是太可惜了。希望老师可以开个小灶，为我简单说一下价格放量上涨后高点的技术特征都有哪些，好吗？我觉得掌握了高点的波动特征，有助于提高平多单的能力，以及把握住价格后期下跌时的盈利机会，这对于实战操作来讲，真是太重要了。

一阳解疑：

之所以为朋友们讲解价格放量上涨后高点的技术特征，就是因为它有助于投资者提高平多单的能力，因为掌握了这个方法以后，价格的波动性质将会看得更清楚，持有的多单也可以平在价格波动时的高点处。同时，它还可以帮助投资者把握做空的机会，因为高点往往是上升趋势与下跌趋势的转折区间。

价格的高点形态其实是千变万化的，但却可以分为两大类，一类是震荡形态较为复杂的走势，另一类是形态较单一的走势。形态单一的走势往往是 A 字形，价格怎样涨上去，便会怎样跌下来，这样的走势多见于量价配合并不算完美的上涨。而形态复杂的高点，多会在上涨的时候形成完美的量价配合，因为有前期的放量做支撑，所以，价格震荡形成的高点往往有着相同的共性。

价格见到高点之前形成放量上涨的走势，这意味着资金在盘中做多的积极性比较高，虽然进入高点区间，但由于空方还暂时没有能力与多方抗衡，因此，价格就算停止上涨，也很难跌下来，分时线多会在高点形成箱体震荡的走势。只有经过一番折腾，多方的力量消耗的差不多时，价格才有可能步入下降通道。

价格进入高点之后，往往会至少形成两个或两个以上的上冲高点，在价格形成上冲高点的时候，最明显的技术特征就是会伴随成交量的萎缩出现。此时量能的萎缩说明多方资金操作兴趣的降低，但由于趋势有惯性延续的特征，所以，暂时不会马上下跌。一次又一次的上冲高点将多方的能量逐渐耗尽，最终价格将会出现不同程度的下跌。

对于持有多单的投资者来说，在价格缩量上冲的高点区间应当考虑进行平仓操作。而对于想要做空的投资者来说，一定要在价格缩量形成两次或两次以上的上冲高点后再考虑做空。由于之前价格形成了放量上涨的走势，整体盘面多处于多头状态，因此，做空只是一种投机行为，刚开始操作的时候，一定要报着短线快进快出的态度，如果价格连续下跌的技术特征较为明显则可以延长持仓的时间。

棉一1201合约(图5-44)2011年5月31日开盘之后略做震荡，价格便出现了一波快速上涨的走势，在上涨的过程中，成交量形成明显放大的迹象，这说明资金在盘中做多的态度较为积极，在放量上涨的区间，投资者千万不能有任何做空的想法。

图 5-44

放量上涨过后，价格形成了高点震荡的走势，在震荡区间成交量开始连续萎缩，在多方资金推动力度减小的时候，手中持有的多单也就该考虑进行平仓了。放量上涨之后，价格的高点多是好几个，所以，当第一个高点出现的时候，不必急于平仓(为了防止风险，可以进行减仓操作)，当价格再度形成新的高点时，可以开始在这些高点位置进行平仓操作。

由于成交量会在高点区间萎缩，所以，价格上冲形成高点的时候，幅度往往都不会太大，从经验来看，相比第一个高点，后期价格能再上冲 0.3% 的涨幅就已达到理论目标了。

豆油 1201 合约(图 5-45)2011 年 5 月 30 日开盘之后，价格便在成交量放大的推动下出现了连续上涨的走势。经过一段时间的上涨以后，成交量的萎缩宣告了高点区间的到来。

图 5-45

价格进入高点区间之后，先后形成了两次较为明显的高点，虽然价格创出新高，但向上上涨的幅度却都比较小，其原因就是做多动能的减少。根据这一技术特征，在价格进入到高点之后，只要之前形成了放量上涨的走势，便不必急于平仓，可以在新的高点出现的时候再逢高进行平仓操作。

而对于想要做空的投资者来说，在成交量萎缩，价格进入高点区间后，也不要急于做空，而是应当等价格形成至少两个上冲高点之后再考虑做空。由于做空的时候，价格大的上升趋势并没有改变，所以，一定要注意止损，一旦价格再度形成连续放量上涨的走势，必须要果断离场。而如果价格下跌时的弱势特征以及量能配合，则可以延长持仓的时间，否则，在有所盈利之后，应当随时考虑平仓，以防价格调整到位后再度起涨。

当然，并非所有高点的波动特征都会形成两个或两个以上的上冲高点，这样的分析技巧只针对价格之前形成了明确的放量上涨走势形态。因为放量使得上升趋势具有延续的能力，这才会促使价格在下跌之前有动力形成几个上冲高点。

第十六招　上涨震荡区间次低点做多技巧

投资者询问：

价格上涨之后形成震荡走势时的种种分析思路，已向老师学得差不多了。但现在还有一个问题我觉得还没有解决，那就是在明知道价格后期将会上涨的时候，如果可以做到既降低了持仓成本，又可以提高介入时的准确性。因为现在我所掌握的技巧就是在价格形成放量突破时介入，所以，希望老师可以教我如何在上涨震荡区间逢低进行做多。

一阳解疑：

价格上涨后形成震荡走势，一要看震荡前的量价关系，如果之前形成了放量上涨的走势，价格后期上涨的概率将会提高；二要看震荡时的量价关系，要求在震荡区间成交量必须萎缩，特别是下跌的时候更是不能放量，只要缩量，便意味着之前介入的多方资金没有撤离，价格后期上涨的概率就会提高；三要看震荡时分时形态或分钟K线形态是否具备强势特征，只有那些形成强势震荡走势的品种，价格才会进一步上涨；四要看整体盘面多头状况，只有在多头力度相对大一些的市场中，价格才会更容易再度上涨。

在价格震荡的时候，如果具备了以上几个技术特征，便具备了操作的价值，最理想的介入点位就是在价格形成放量突破的时候做多，因为量能的放大说明资金再度入场做多，而突破的形成意味着上涨行情的开始。

但由于可以判断出价格上涨的概率较大，所以还需要再掌握一下逢低做多的技巧。常见的逢低做多技巧就是利用均价线的支撑进行做多，或者在分钟K线图中利用布林线中轨或是下轨的支撑进行做多。

除了这两种方法以外，还有一种方法也比较有效，那就是利用震荡区间的低点抬高走势逢低做多。在价格进入震荡区间之后，如果间隔时间较短的调整有了低点抬高迹象时，就可以在第二个抬高的低点处入场做多（实际介入位是在分时线向上拐头，低点明确形成时介入）。

棉一1109合约（图5-46）2011年6月3日价格开盘之后形成了连续上涨的走势，而后由于成交量的萎缩，价格形成宽幅震荡形态。在价格上下震荡的时候，均价线始终对调整的低点形成了支撑的作用，使用均价线的支撑买点技巧可以捕捉到二次价格调整区间的逢低做多机会。

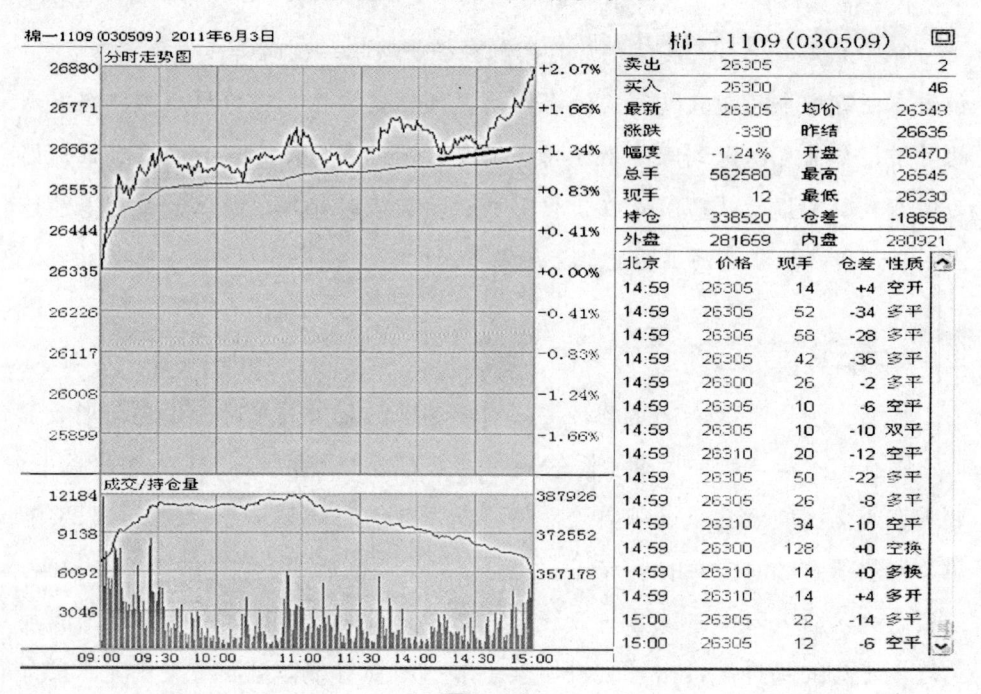

图5-46

除了利用均价线的支撑作用可以逢低做多以外，还可以在尾盘期间利用低点抬高的形态逢低做多。价格在14：15分左右再度形成了调整的走势，调整期间成交量萎缩，并且分时线位于均价线上方，多头迹象依然明确，因此，价格仍具备继续上涨的能力，只有在此基础上，逢低做多技巧才有适用的机会。

在调整的时候，价格先出现了一个低点，而后又形成了一个低点，这两个低点形成了左低右高的走势。在价格具备明显多头迹象的时候，低点的抬高说明空方的力量开始减弱（否则为何价格无法下跌呢），因此，在第二个低点处分时线向上拐头的时候便可以入场进行做多操作。低点抬高意味着空方力量虚弱，同时也意味着经过调整之后，多方的力量在增加，只要满足了全部的技术要求，在这个点位入场做多实现盈利的概率是很高的。

沪锌1108合约（图5-47）2011年6月3日价格开盘上涨之后，进入了震荡区间，判断震荡区间形成的方法很简单，只要看成交量的变化就行，一旦成交量萎缩，价格必然会随之震荡。

图 5-47

在价格震荡的时候，分时线的波动重心并未下移，这说明震荡的性质为强势调整，这样的调整形态意味着价格后期上涨的概率将会是极大的。因此，投资者需要密切留意各种有可能出现的做多信号。

在震荡区间最需要关注的一种走势就是：低点抬高。价格调整区间的低点一旦开始抬高，往往意味着调整已经接近尾声，多方开始为再一次的上涨聚集力量。从图中的走势来看，分时线先后两次形成了低点抬高的走势，无论在哪一次入场做多，都是非常理想的介入点位，相比后期的上涨而言，这两个位置都算是技术上完全可以把握的低点。

在价格震荡区间利用低点抬高进行做多的时候，如果价格没有形成预期的上涨，而是继续调整，止损点一定要设置在跌破均价线的位置。只要没有跌破均价线，就算跌破了低点抬高处的位置，也不宜止损，因为只有当分时线位于均价线下方的时候，才意味着价格的波动开始有转空的迹象。

第十七招 上涨行情再度启动的识别技巧

投资者询问：

在老师的语音课堂中学到了如何通过调整形态判断价格后期上涨的概率，这个重要的问题刚解决，但随之来了一个新的问题：在知道价格存在较大上涨概率的时候，用什么样的方法可以识别出上涨行情的再启动呢？

一阳解疑：

价格在连续上涨的过程中，必然会形成各种各样的调整走势，有的调整出现将会促使价格更好地上涨，但有的调整出现却会扭转上升趋势。所以，如何通过调整形态判断价格后期的上涨概率是一个极为重要的分析技巧，它有助于帮助投资者把握价格后期上涨带来的盈利机会。

其实，在通过调整形态判断出价格具备较大的上涨概率时，完全可以结合 KD 指标的低数值逢低做多。但任何分析方法都不可能做到百分百的成功率，所以，有的投资者为了避免价格由调整转为下跌，喜欢在上涨行情再度启动的时候入场操作。因此，识别价格再度上涨的方法也需要掌握。

首先来想一下，价格在之前的上涨过程中有什么样的技术特征呢？最明显的技术特征莫过于成交量的放大，量能放大说明资金在场中进行着积极地做多操作，这使得价格的上行有了足够的动力，只要成交量不萎缩，价格的上涨就很难停止。

接下来再来看一下调整区间的量能又有什么样的特点？价格上涨的结束必然是因为资金的推动力度不足，而资金推动力度不足的直接体现就是成交量的萎缩，因此，价格才会形成调整的走势。

最后，顺着以上两个思路，价格调整后上涨行情再启动的技术特征也就不难理解了，只要成交量保持萎缩，价格的上涨就很难形成，因为没有资金推动，价格就不具备上涨的动力。而一旦量能放大，则必然会促使价格再度上涨。

所以，在价格调整的时候，需要盯紧成交量的变化，一旦成交量出现放大的状态，就将意味着上涨行情的出现，而上涨行情再度启动时，价格上涨的变化就是必然会创出新高。将这两点结合在一起就是识别价格上涨行情再度启动的技术特征：放量以及形成向上的突破走势。

橡胶1109合约(图5-48)2011年5月13日价格开盘之后出现连续上涨的行情，在上涨的过程中，出现了多次调整的形态，无论哪一次调整形态，都具备重要的参考价值，它们都或多或少地向投资者发出了价格后期将会继续上涨的信号。

调整走势的周期有长有短，短周期的很容易分析，而一旦周期较长，就会对操作产生一定的干扰。介入早了，价格还会继续调整，介入晚了，价格已经涨了上去。只有介入位恰到好处，才可以把握住价格后期上涨的机会，那么，这位点该如何把握呢？

根据正常的量价关系来看，价格上涨必然会放量，而调整区间则会缩量。所以，调整区间的缩量可以从一个侧面向投资者提示重要的信息：如果成交量一直萎缩，价格的上涨就暂不会出现，而一旦缩量之后成交量有放大迹象，

183

图 5-48

价格的上涨行情就将会形成。根据这个简单的方法去看一下，价格调整后那个恰到好处的介入点是不是可以把握住呢？

棉一1109合约(图5-49)2011年5月31日价格在早盘期间出现了一轮形态简单的上涨形态，在上涨的过程中，价格调整的幅度都非常浅，这说明空方的力度很虚弱，浅幅度的调整预示着价格后期继续上涨的概率是极大的。

在价格上涨的过程中，成交量都保持着萎缩的状态，而调整的区间，成交量则大幅萎缩，整体走势量价配合状况非常完美。在可以得知价格存在较大上涨概率的时候，投资者一定要盯紧成交量的变化，在量能萎缩没有资金积极入场的情况下，价格的上涨将不会展开，而一旦成交量再度形成放大，上涨行情则会随着资金的积极做多行为而出现。

价格调整之后，量能的变化决定着上涨行情能否再度启动，成交量是决定性因素。而在量能的影响下，反映在价格上的变化就是形成新高的突破，这个新高针对的是调整区间的高点，一旦新高出现，同样意味着调整的结束以及新一轮上涨行情的开始。

图 5-49

第十八招 均价线支撑买点的量能要求

投资者询问：

根据老师课堂上讲解的知识，结合自己的操作习惯，我现在一直在使用均价线支撑买点的方法进行操作，整体来说效果还是不错的。对于分时线与均价线的关系我比较了解，但希望再进一步学习一下关于均价线支撑买点出现时的量能要求。因为老师说过，量价分析不离家。我想，在买点形成时如果再对量能仔细分析，应当会提高这种买入方法的成功率。那么，均价线支撑买点的量能要求是什么样的呢？

一阳解疑：

均价线支撑买点是整体盘面处于多头状态时常会出现的一种技术形态，

这种做多方式技术特征简单明了，买点位置非常易于把握，并且很多时候还可以提前确定出介入的具体位置，不失为多头盘面中最有效的一种做多方法。

任何交易方法对成交量的变化都会有要求，均价线的支撑买点对量能的要求有两个，一是在价格向均价线靠近的时候，要求整体无量；二是价格靠近或接触均价线的时候形成回落低点的异常出现。只要形成这两种量能特征，都可以在均价线处逢低做多。

价格向均价线靠近时整体无量，这说明价格下跌没有得到资金的追捧，在分时线位于均价线上方，价格的下跌没有足够动力的时候，将很容易受到均价线的支撑而继续上涨。缩量调整至均价线处，是市场中出现频率最高的一种走势。

价格回落至均价线处时形成异常巨量，这说明均价线的位置资金交易出现严重分歧，这将会导致价格出现反向波动，由于价格调整时往往是下跌的，因此，反向波动就是上涨。这种量能形态出现的次数较少。

相对而言，还是无量回落至均价线处比较好操作，而回落至均价线处形成异常巨量，有时也会演变成为连续放量下跌(在整体盘面明显趋多的时候极为少见)。

沪锌1108合约(图5-50)2011年5月13日开盘以后价格形成放量上涨的走势，从早盘期间的走势来看，分时线始终位于均价线上方，多头迹象较为明显，面对这样的走势，投资者应当多留意多单的机会。

经过近半小时的连续放量后，成交量的萎缩使得价格形成了调整的走势，调整的出现为投资者提供了逢低做多的机会，而低点的把握方法，则可以留意均价线处的支撑。从图中的走势来看，价格回落至均价线处时，便停止了下跌而后继续上涨，均价线对价格的回落起到了阻止的作用。

在均价线支撑买点形成的时候，对成交量的分析是必不可少的。从量能来看，在分时线向均价线靠近的过程中，成交量始终保持着萎缩的状态，这说明没有什么资金在场中进行做空的操作，因此，价格在后期将会形成涨易跌难的走势。只要价格回落时是无量的，在分时线靠近或接触均价线的时候，都可以考虑逢低入场做多。

图 5-50

棉一1109合约(图 5-51)2011年5月31日开盘之后,在成交量连续放大的推动下,价格出现了一轮强劲的上涨行情,这样的上涨使得盘面的多头迹象变得非常明确。在多头力度较大的时候,投资者万不可进行做空的操作,一定要一门心思地做多。

下午价格震荡的时候,分时线与均价线正好接触。在这个点位,成交量形成了异常放大的迹象,此时的量能说明资金的操作在均价线的支撑处产生了严重地分歧,这必将会促使价格在后期形成反向波动。

只要异常巨量出现之后,成交量又迅速萎缩,投资者便可以在均价线处开仓做多。虽然此时的成交量并没有萎缩,但异常巨量却是一种价格将会反向波动的信号,在支撑区间量价配合又存在反向波动的迹象,入场做多自然问题不大。

当然,如果市场中有别的品种形成缩量调整至均价线处的走势,则应当将这个品种作为第一目标,因为操作没有资金做空的品种更容易实现盈利。

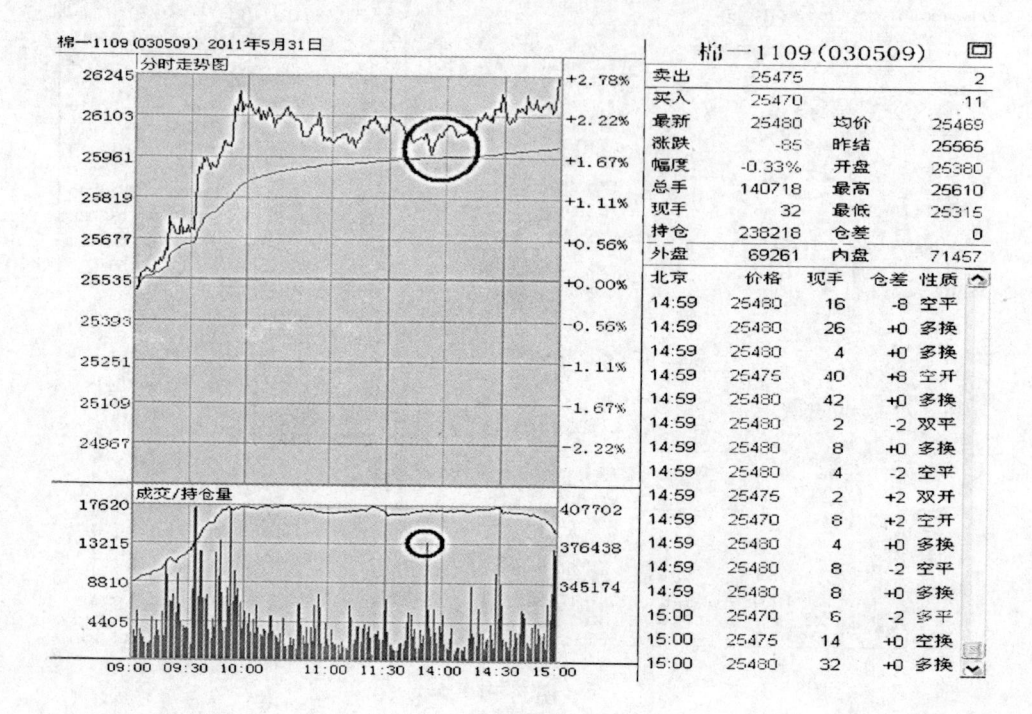

图 5-51

第六章 一阳期货三板斧

在之前出版的期货类书籍中，曾提到过关于期货交易三板斧的话题，但因篇幅问题，并未与读者朋友详细交代。而后有许多朋友对此深感兴趣，所以，在本书中将此内容进行一下交流。

程咬金三板斧纵横天下，所向无敌，他做到的就是一招鲜吃遍天，这种精神是投资者应当学习的。其实对于投资者而言，掌握知识的多少并不与获利直接画等号，掌握知识虽多，但哪个也不精通，这又有何意义呢？所以，对于广大投资者而言，一招鲜才是最重要的，哪怕你真的只会一招，只要把它用精了，也必然会在这个市场中不断地盈利。

一阳期货三板斧的真正含义并不是指这几招非常高或是极为有效，它是一组针对常见走势的获利之法，这些走势虽不见得每天都会出现，但一星期必然会出现那么一两次，你只要去关注这一两次的盈利机会，一年累积下来的收益也是十分惊人的。但遗憾的是，期货市场中的诱惑太多了，在这里很少有人会愿意去等，总想主动追求机会。

请一定记住，一阳期货三板斧并不是什么神秘的招术，它只是一组针对常见走势形态的解决方案而已。学会了这一组方法，那些常见的经典走势带来的盈利机会便可以较为容易地进行把握了。

第一招　一阳期货三板斧之一：震荡行情解决方案

震荡走势对于投资者来说是很常见的，在价格强势涨跌的情况下，或是在价格小幅波动的情况下，都会见到各种各样的震荡走势。在价格形成震荡走势的时候，波动的幅度将会明显的变小，在这个区间内获利的幅度将会非常有限。并且分钟 K 线或是分时线一会儿上一会儿下。操作不好，将会很容易做多在震荡的高点，止损在震荡的低点，或是做空在价格震荡的低点，止损在价格震荡的高点。

由于以上的原因，很多投资者在面对震荡走势的时候都会感到很头疼，因此，需要一种方法把这个问题给解决掉，并且还要在价格震荡的过程中实现盈利。

在震荡行情出现的时候，需要先对整体多空性质以及之前的趋势方向进行确定，而后再利用布林线指标上轨的压力作用，以及下轨的支撑作用确定开仓的点位。

白糖 1201 合约(图 6-1)2011 年 6 月 2 日价格在盘中形成了震荡的走势，相比单边的上涨行情，价格在此区间的波动幅度明显减小，虽有交易的机会，但并不能给投资者带来较大的盈利。所以，在此区间操作时，投资者的获利预期不可太大。从理论角度而讲，此时布林线通道的宽度就是获利的最大幅度，但考虑到实际操作时，有时很难在高点或低点处开仓或平仓，所以，掐头去尾，实际获利幅度要小于布林线通道的宽度。

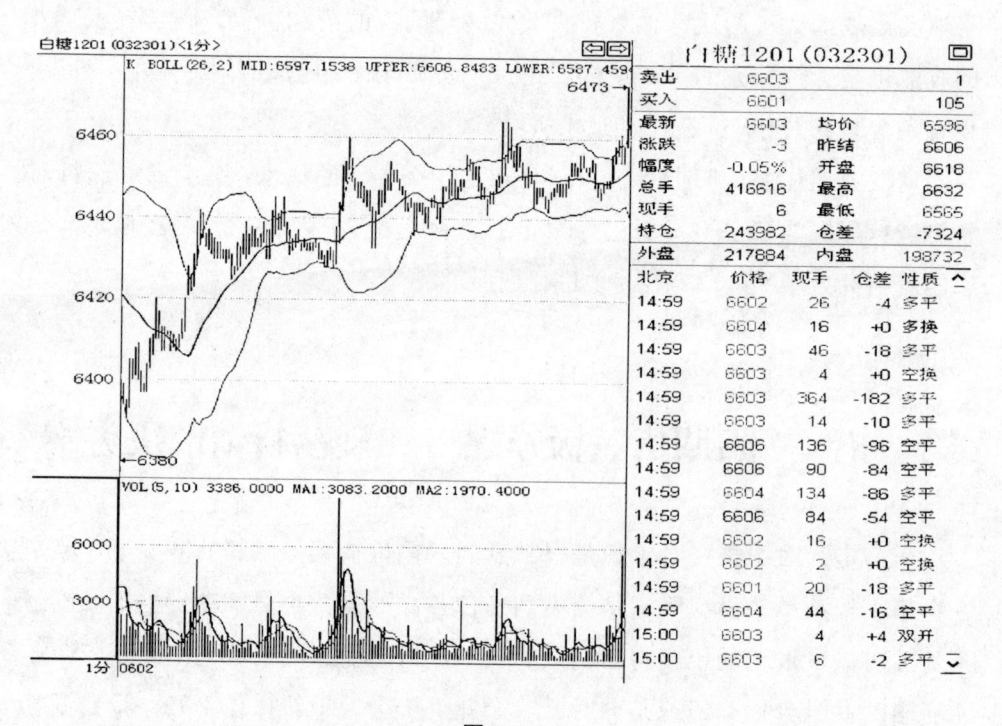

图 6-1

当价格形成震荡走势的时候，应当重视之前趋势的方向，从布林线指标的中轨趋势来看，在价格震荡的时候中轨趋势是向上的，因此，在震荡过程中的操作思路应当做多。在震荡行情中做多时，布林线指标下轨的支撑作用与上轨的压力作用就发挥了效果。在实际操作时，一旦价格缩量回落至布林线下轨时，便可以顺应之前的大趋势逢低做多，一旦价格震荡上涨后到达布林线上轨位置时，则应当将多单平仓出局。

在布林线下轨逢低做多必须要求价格回落时无量，因为一旦形成放量下跌的走势，便意味着有资金在场中进行着做空的操作，这将会加大上涨的难度。如果价格向上轨靠近的时候成交量能够形成连续放大，则可以继续持仓，因为上涨时量能放大说明有资金在积极做多，这样一来价格则有可能向上突破上轨的压力。但如果价格上涨至布林线上轨时同样无量，则必须要根据上轨的压力进行平仓。

棉一 1109 合约(图 6-2)2011 年 6 月 7 日在一轮下跌行情出现之后，价格随之形成了长时间的震荡走势，在震荡的过程中，价格虽然上窜下跳但并没有明确的趋势，并波动幅度相对较小，这就给投资者的操作带来了一定的困难，面对这样的走势该如何操作呢？

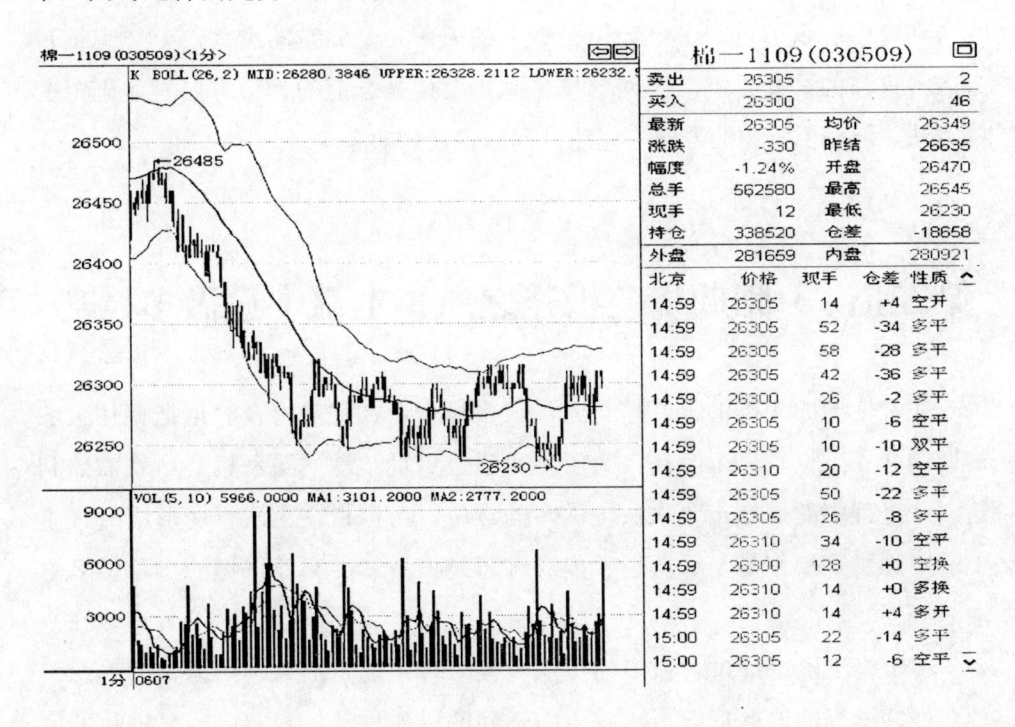

图 6-2

首先要看震荡形成之前的趋势，因为震荡区间的操作方向必须要顺应大趋势，从之前的下降趋势来看，震荡区间必须要进行做空的操作。在确定了操作方向之后，就需要结合布林线指标进行操作，在操作的过程中，一旦价格反弹至布林线上轨附近，便可以择机入场进行做空操作，而一旦价格回落至布林线下轨的支撑处则需要平仓空单。在操作的时候，要求价格反弹至布林线上轨的时候必须要保持缩量状态，绝对不能放量，一旦形成放量则有可能突破上轨压力，而无量则会使得价格缺少上涨的动力，因此，很容易受压回落。在价格向下轨回落的时候，如果成交量能够放大，则可以继续持仓，有资金参与做空操作的话，价格则有可能跌破下轨支撑。

当然在实际操作中，操作的思路就是逢上轨压力做空，逢下轨支撑平空。一般而言，在价格进入震荡的过程，能给投资者带来的操作机会往往不会超过三次，因为价格不可能一直震荡下去，最终还是会形成新的趋势。

在价格震荡的过程中，无论是做多的震荡还是做空的震荡，整体无量是最容易操作的。如果震荡区间放量，则需要根据之前的趋势方向具体确定交易方法，但有了操作的方向与思路，问题也就解决了一大半。

第二招 一阳期货三板斧之二：上涨中途做多技巧

在价格形成明确的上升趋势时，很多投资者往往没有及时地把握住上涨初期的介入点位，这个时候，为了不再错过后期上涨的盈利机会，就需要利用上涨过程中的调整走势来决策做多的点位。可以说在上涨行情形成时，于上涨中途进行操作是一种常用手段，这也是投资者必须要掌握的一种做多方法。

在价格上涨中途进行做多的方法有很多种，这是因为价格调整的形态多种多样，不同的调整形态会演变成为不同的操作方法。本节内容要讲解的方法所针对的技术形态是价格上涨后形成强势调整的走势。

价格的强势调整形态是指上涨后的横盘走势，价格具备调整性质，但却始终跌不下来,这说明多方的力度非常强大,价格后期继续上涨的概率是极大的。

具体的操作方法为:

(1)要求之前的上涨必须形成放量上涨的走势,只有形成放量上涨的走势,价格才会具备继续上涨的能力。

(2)在调整的过程中,成交量必须要形成萎缩的状态,放量上涨缩量调整将会提高价格继续上涨的概率。

(3)形成调整走势的时候,要求价格必须以横盘或类似横盘的形态完成调整。

(4)价格具备了以上的技术形态后,一旦K线接触布林线指标中轨,则可以入场进行操作,这是比较激进一些的做多方法;稳妥一些的则可以在价格向上突破横盘高点的时候入场做多。

橡胶1109合约(图6-3)2011年5月24日于盘中形成了一轮上涨的行情,在价格初期上涨的过程中,成交量形成了明显的放大状态,量能的放大说明资金在盘中做多的积极性非常高,放量将会使得价格具备持续上涨的能力。

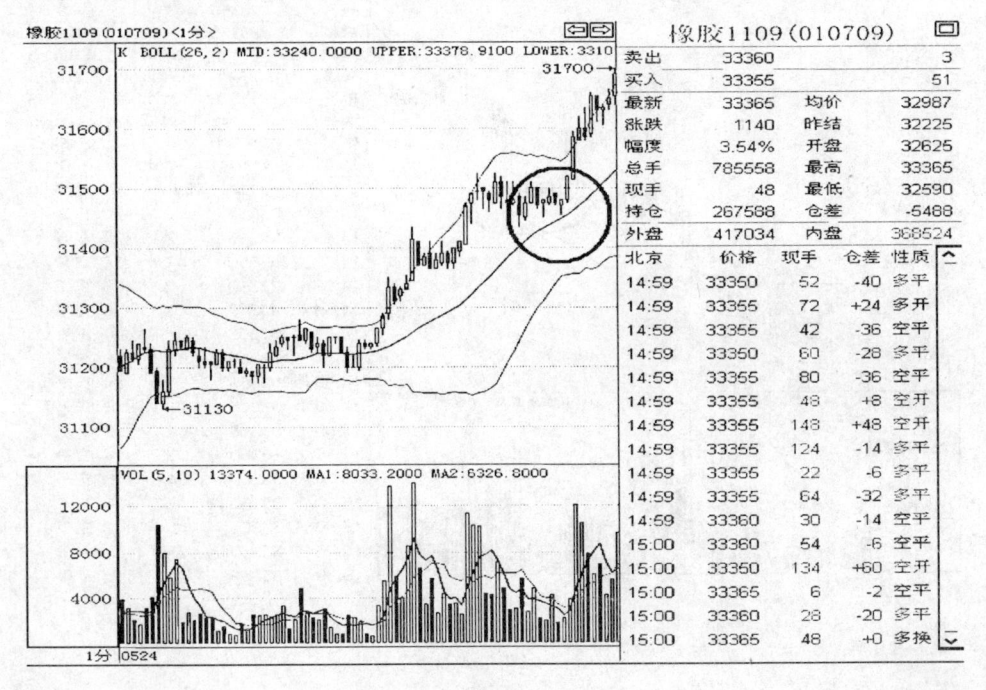

图 6-3

放量上涨过后，价格形成了调整的走势，在调整区间成交量明显萎缩，放量上涨以及缩量调整构成了完美的量价配合形态，这样一来价格上涨的概率将会是极大的。在价格调整的时候，波动重心并未下移，形成类似横盘的调整形态，这种调整形态说明多方的力度非常强大。

通过量价配合状况以及强势调整形态可以预测出价格未来具备较大的上涨概率之后，该在什么位置入场进行做多操作呢？此时需要结合布林线指标来决策买点的位置。一旦价格调整至布林线中轨附近的时候便可以入场进行做多操作。在价格形成强势波动的时候，布林线指标的中轨支撑作用将会是极大的，因此，利用支撑作用确定买点是一个不错的选择。

橡胶1109合约(图6-4)2011年6月2日价格于上涨中途出现了一轮调整走势，在上升趋势形成的时候，投资者要善于利用调整走势寻找后期做多的盈利机会。只要在调整走势出现的时候形成完美的量价配合以及价格形成强势调整形态，价格就将会具备进一步上涨的能力。

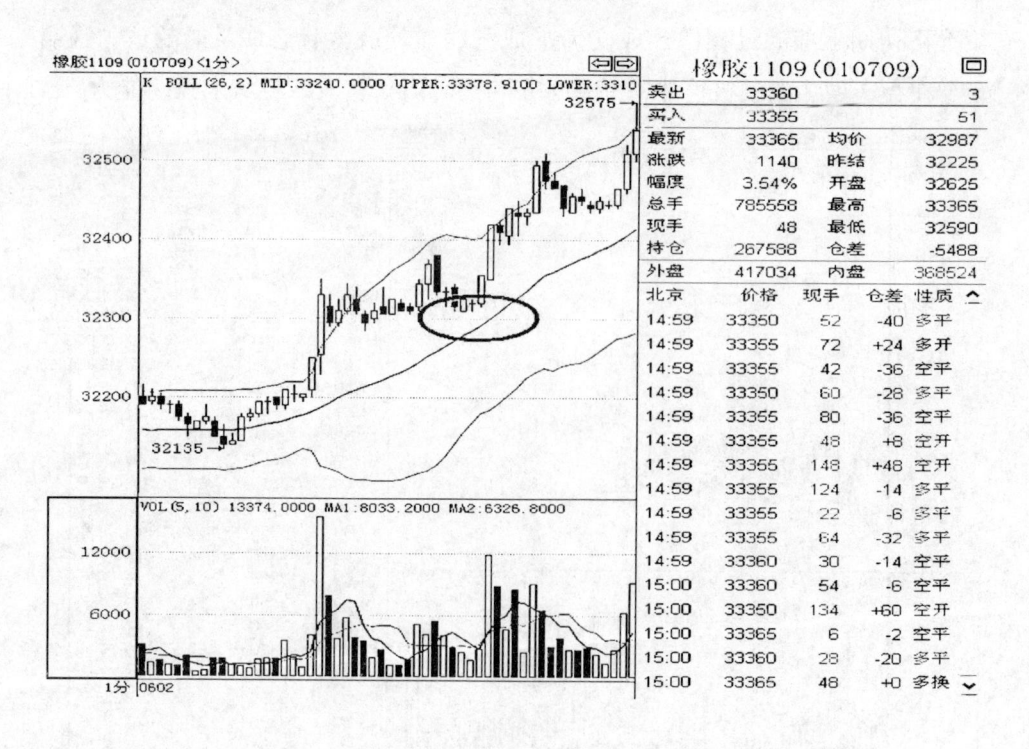

图 6-4

在调整过程中，成交量出现了萎缩的状态，而在调整的时候，K线又形成了标准的横盘形态，量价配合均显示多方的力度较为强大，既然上涨概率大于下跌的概率，就应当择机入场做多。而做多点位的确定则需要留意布林线中轨与K线的关系，只要两者距离很近便可以开仓做多。

这种方法有对量价配合的要求，有对指标支撑确立的要求，只要满足这些技术要求，做多盈利的概率将远大于做空的概率。在实际操作的时候，多方力度越大，横盘距离布林线中轨的距离可能就会越远（仅是相对较远），所以，具体操作的时候，只要K线与布林线比较近就可以入场操作，而不必非要等到两者完全接触。

这种上涨中途的做多方法，要求价格以横盘或是类似横盘的形态等待布林线中轨的靠近，而不能以下跌的方式去主动接触中轨。

第三招 一阳期货三板斧之三：价格变盘操作技巧

布林线指标有一个独特的功能，可以提示出价格是否进入了变盘区间以及变盘的方向。所以，在实战操作中，该指标的技术形态应当多多关注。

布林线指标的变盘是指：布林线通道由较宽转变成为较窄的状态，一旦指标形成此状态，投资者需要密切留意价格后期新的波动方向。但随着布林线指标的变窄，价格的波动幅度也将会较小，所以，这一区间不太适合进行操作。

而变盘方向的形成是指：布林线指标由较窄再度转变成为较宽的波动形态。布林线指标一旦变宽，价格的波动幅度将会变大，所以，在这个时候入场操作较容易实现盈利。

当价格形成变盘走势的时候，投资者该如何具体进行操作呢？当布林线指标由较窄变宽的时候，如果K线放量跟随着上轨走，则应当入场做多。但如果追随着下轨走，则应当入场做空。

沪锌1108合约（图6-5）2011年6月7日价格在盘中形成了连续上涨的走

势，在上涨中途出现了一次调整，随着价格波动幅度的减小，布林线指标也随之由较宽的状态转变成了较窄的状态，这意味着价格进入了变盘区间，此时应当密切留意后期价格新方向的出现。请切记，布林线变盘方向的形成并不与之前的趋势有关系，它可能延续之前的趋势，也有可能与前期趋势相反，只不过可以通过具体的量价配合形态判断出未来方向可能性的大小。

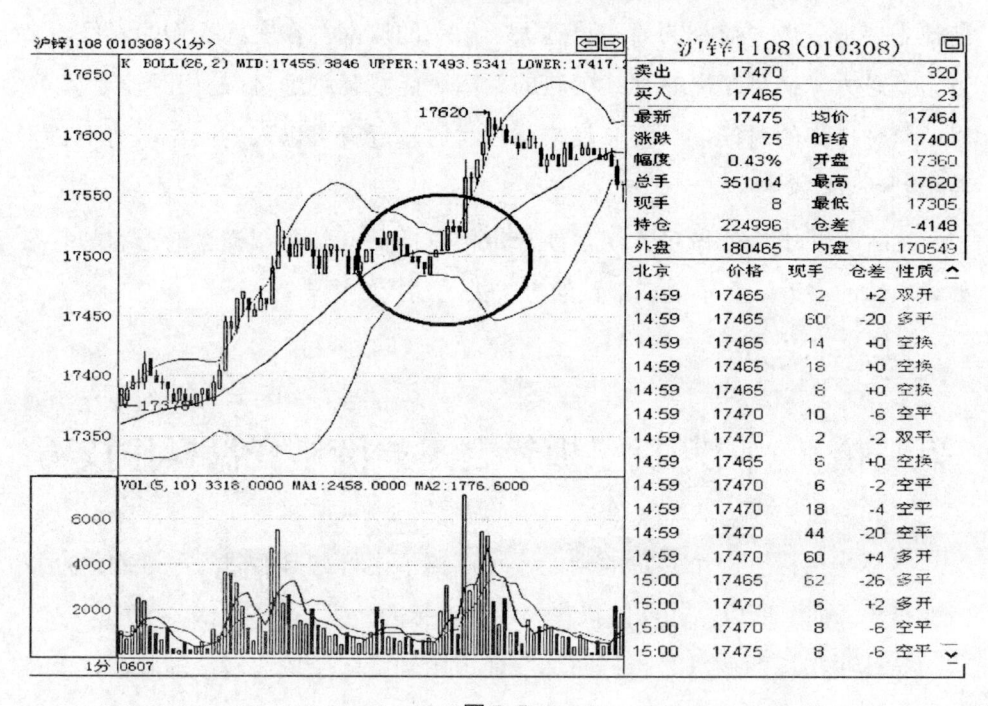

图 6-5

在价格调整的时候，成交量明显萎缩，同时，调整走势出现之前的放量也预示着价格继续上涨的概率较大，这个时候，可以更多地留意多单机会，当然也要做好做空的打算。调整低点打到布林线下轨后受到支撑，而后继续上行，在上涨的时候随着成交量的放大，价格开始加速上涨，而随着价格的上涨，布林线指标随之由窄变宽，一旦指标开始变宽便可以动手了。

在具体操作的时候，要具体查看 K 线与布林线上轨的关系，只要 K 线跟随着上轨走，就需要在放量区间趁早入场做多。

螺纹 1110 合约 (图 6-6) 2011 年 6 月 17 日价格在盘中形成了震荡下跌的走势，从图中的走势来看，两次下跌中途的反弹区间是非常不错的介入机会。那么，该如何在这两次反弹区间制定做空的操作计划呢？

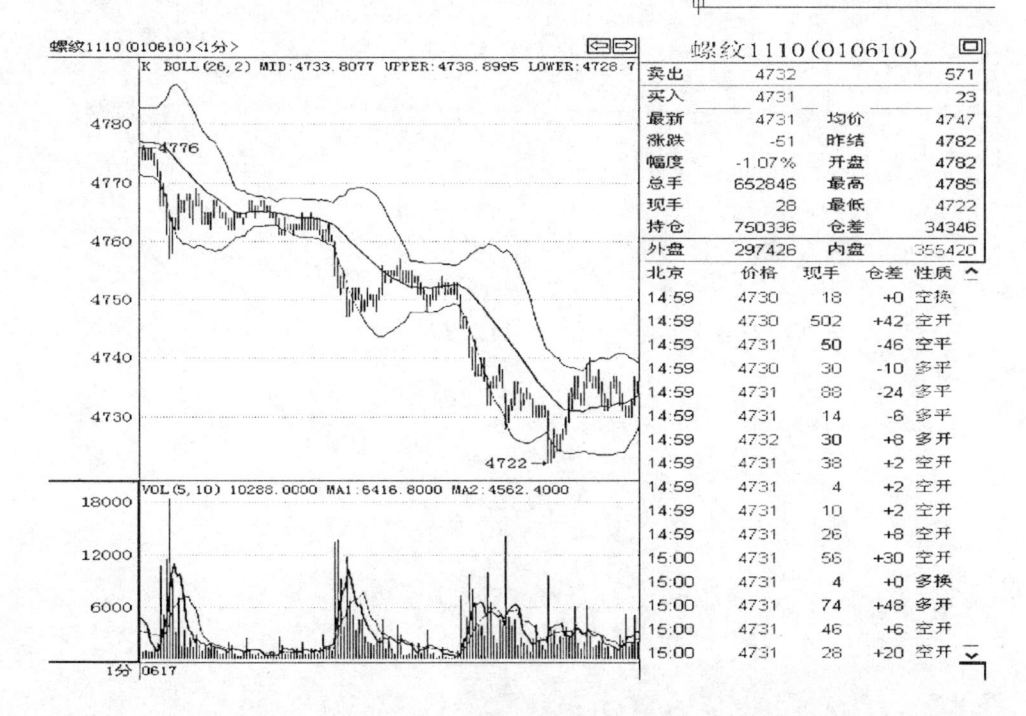

图 6-6

随着价格反弹的开始，布林线指标通道由较宽的状态转变成了较窄的状态，这意味着价格进入了变盘区间。在此区间需要密切留意价格后期的波动，因为机会往往从变盘区间开始形成。

经过一段时间的反弹后，价格开始继续下跌，随之布林线指标也开始由较窄的状态又重新变为较宽的状态，指标的如此变化意味着价格变盘方向的形成，在这个时候由于 K 线跟随着下轨走，所以，应当进行做空的操作。

在价格形成变盘方向的时候，成交量的变化也是比较重要的，要求此时量能必须要放大。只有形成放量，才会使价格具备上涨或是下跌的动能，从而加大价格的波动幅度，为投资者创造盈利的机会。